Todos los libros de Linkgua Ediciones cuentan con modelos de Inteligencia Artificial entrenados por hispanistas. Pregúntale al chat de tu libro lo que desees acerca de la obra o su autor/a.

Para ebooks: Accede a nuestro modelo de IA a través de este enlace.

Para libros impresos: Escanea el código QR de la portada con tu dispositivo móvil.

Obtén análisis detallados de nuestros libros, resúmenes, respuestas a tus preguntas y accede a nuestras ediciones críticas generativas para una experiencia de lectura más enriquecedora.
La transparencia y el respeto hacia la autoría de las fuentes utilizadas son distintivos básicos de nuestro proyecto. Por ello, las respuestas ofrecen, mediante un sistema de citas, las fuentes con las que han sido elaboradas.

Juan Ruiz de Alarcón

La amistad castigada

Barcelona 2024
Linkgua-ediciones.com

Créditos

Título original: La amistad castigada.

© 2024, Red ediciones S.L.

e-mail: info@linkgua.com

Diseño de cubierta: Michel Mallard.

ISBN rústica ilustrada: 978-84-9953-671-2.
ISBN ebook: 978-84-9897-924-4.

Sumario

Brevísima presentación

La vida

Juan Ruiz de Alarcón y Mendoza (1581-1639). México.

Nació en México y vivió gran parte de su vida en España. Era hijo de Pedro Ruiz de Alarcón y Leonor de Mendoza, ambos con antepasados de la nobleza. Estudió abogacía en la Real y Pontificia Universidad de la Ciudad de México y a comienzos del siglo XVII viajó a España donde obtuvo el título de bachiller de cánones en la Universidad de Salamanca. Ejerció como abogado en Sevilla (1606) y regresó a México a terminar sus estudios de leyes en 1608.

En 1614 volvió otra vez a España y trabajó como relator del Consejo de Indias. Era deforme (jorobado de pecho y espalda) por lo que fue objeto de numerosas burlas de escritores contemporáneos como Francisco de Quevedo, que lo llamaba «corcovilla», Félix Lope de Vega y Pedro Calderón de la Barca.

Personajes

Aurora, dama, sobrina del rey e hija de Dión
Caballeros
Camila, criada de Aurora
Diana, hermana de Ricardo
Dión, viejo grave
El rey Dionisio, galán
Elisa, criada de Diana
Filipo, galán
Policiano, galán
Ricardo, galán
Turpín, criado de Dión
Un Criado

Jornada primera

(Salen el Rey y Filipo.)

Rey   Filipo, no hay mal que iguale
al que padeciendo estoy;
perdido, Filipo, soy,
si tu ingenio no me vale.

Filipo   Gran Dionisio, rey segundo
de este nombre, que has podido
ser, por amado y temido,
arbitrio solo del mundo;
    dime tu pena, señor,
y si con la industria mía
puede remediarse, fía
de mi lealtad y mi amor.

Rey   ¿Ha dado luz a tus ojos
mi sobrina Aurora, hija
de Dión?

Filipo   Fue tan prolija
la ausencia a que los enojos
    me desterraron de Egisto,
que con tu padre privó,
que jamás lo permitió.

Rey   Bien se ve que no la has visto,
    pues ignoras la ocasión
de tormento tan esquivo.

Por ella y su padre vivo
en la mayor confusión
    que contrarios pensamientos
dieron a un pecho jamás.

Filipo   ¿Cómo?

Rey   Oye atento y sabrás
mis dudas y mis tormentos.
    Este reino de Sicilia
es, como sabes, sujeto
a injustas conspiraciones
y alevosos movimientos.
Bien lo muestran las historias,
pues en los pasados tiempos
y presentes violentaron
tantos tiranos el cetro;
fuera de que tengo indicios
de que ya traidores pechos
secretamente conspiran
a privarme del imperio.
Dión es, cuñado mío,
tan poderoso, que debo
a su valor y prudencia
la corona que poseo,
y me la puede quitar;
pues llegado a rompimiento,
a la parte a que él se incline
la vitoria le prometo.
Es leal, mas si intentando
gozar a Aurora, le ofendo,
de su enojo y su venganza

mi cierta ruina temo.
Pues dejarlo de intentar
no es posible cuando muero,
aunque por ella aventure
cuanto valgo y cuanto puedo.
Fuera Aurora esposa mía
si fuese posible hacerlo;
pero tengo ya en Cartago
tratado mi casamiento,
en conformidad, Filipo,
de aquel forzoso concierto
que dio principio y firmeza
a las paces de ambos reinos.
Éstas, caro amigo, son
las olas en que me anego;
las confusiones son éstas
en que dudoso padezco.
De tu ingenio y amor fío.
Solo tu amor y tu ingenio
de tan ciega tempestad
me pueden sacar al puerto.

Filipo   Un engaño se me ofrece,
que es importante remedio
como a tu amor, al temor
que los traidores te han puesto;
y aunque no son los engaños
dignos de reales pechos,
en la guerra y el amor
es permitido usar de ellos.

Rey   Di; que no importa romper

                          los más forzosos respetos;
                          que más importa mi vida.

Filipo   Oye, pues, mi pensamiento.

(Hablan bajo. Salen Dión y Policiano, por otra parte.)

Dión   Policiano, no podía,
                          según vuestras partes son,
                          la suerte en esta ocasión
                          colmar la ventura mía
                              mejor, que dando la mano vos
                          a mi Aurora, de quien
                          he estimado que también
                          reconozca lo que gano.
                              Solo falta que le pida
                          a su majestad licencia.

Policiano   Quien goza por su prudencia
                          privanza tan merecida,
                              noble Dión, como vos,
                          claro está que alcanzará
                          cuanto pretenda.

Dión   Aquí está
                          el Rey. Policiano, a Dios;
                              que a solas hablarle quiero.

Policiano   Como aguarda la sentencia
                          el preso, yo la licencia
                          en que está mi vida, espero.
(Aparte.)   (Perdona mi desvarío,

Diana; que el ofenderte
es violencia de la suerte,
no elección de mi albedrío.)

(Vase Policiano. El Rey y Filipo están hablando aparte sin reparar en Dión.)

Filipo	Y cuando después Dión,
	como puede suceder,
	acaso venga a saber
	que le tienes afición
	a Aurora, dirás que ha sido
	invención y fingimiento;
	que pues importa al intento
	que le juzguen ofendido
	de ti, la traza mejor
	que hallaste de acreditar
	que le ofendes, fue mostrar
	que con ilícito amor
	solicitas la beldad
	de tu sobrina, por ser
	lo mas fácil de creer
	de su hermosura y tu edad.
Rey	De tu agudo entendimiento
	es la traza.
Filipo	Amor me guía.
Rey	Él viene.
Filipo	De mi confía

la ejecución de tu intento.

Rey   Comienza, pues; que yo agora
principio al engaño doy
con Dión.

Filipo   Al punto voy
a hablar de tu parte a Aurora.

Rey (Aparte.)   (Perdona, Dión amigo,
a mi obligación mi error;
que estando loco de amor,
no hablan las leyes conmigo.)

(Vase Filipo.)

Dión   Dame, gran señor, los pies.

Rey   Los brazos os quiero dar.

Dión   En ellos he de aguardar
que una licencia me des.

Rey   El pedilla vos la abona,
Desde agora os la concedo;
que nada negalle puedo
a quien debo la corona.

Dión   Pues bien puedo, en confianza
de tan crecido favor,
pedir albricias, señor,
de su cumplida esperanza

a Policiano, que a Aurora
por esposa me ha pedido.

Rey (Aparte.)   (A buena ocasión ha sido.)
Pariente, no es tiempo agora
  de casarla; que repuna
a un intento que os diré
con que asegurar podré
firmezas de mi fortuna.

Dión   El serviros es, señor,
el primer intento mío.

Rey   Escuchad, pues, lo que fío
de vuestra lealtad y amor.
  Yo tengo, noble Dión,
indicios de que conspiran
contra mi corona algunos
poderosos de Sicilia.
Es quererlo averiguar
por términos de justicia
difícil y peligroso.
Difícil, porque no fían,
de quien no sepa guardarlo,
su secreto los que aspiran
a empresa de tanto peso;
demás que es cierto que estriban
en su poder los traidores;
y así es forzoso que oprima el
temor a los testigos
a que la verdad no digan.
El peligro es que, culpando

al inocente, podría
irritarse de la injuria
que en la sospecha reciba;
y así ha de ser la cautela
quien descubra su malicia,
y sola vuestra lealtad
el medio de conseguirla,
fingiendo que vos también
estáis a las cosas mías
mal afecto; porque así
los que mi fortuna envidian,
si la esperanza de hallar
aplauso en vos los anima,
no dudarán descubriros
la traición que solicitan.
Y porque vuestra privanza
y vuestra lealtad obliga
a recelar que el engaño
de nuestra intención colijan,
iréis con tal prevención,
que vuestra prudencia finja
la ocasión con cada cual,
según el tiempo lo pida,
de estar quejoso de mí,
dando colores tan vivas
de verdad al fingimiento,
que el intento se consiga
de acreditar vuestro agravio;
que yo iré de parte mía
disponiéndolo también,
según viere que me dictan
los sucesos la ocasión.

Mas esta advertencia misma
lo ha de ser para que siempre
que llegue de ofensas mías
la nueva a vuestros oídos
entendáis que son fingidas.
Claro estaba; pero al fin
esta prevención es hija
del cuidado con que vive
mi amistad agradecida.
Solo me resta advertiros,
Dión, que el fin a que mira
este engaño, es conocer
la traición, no persuadirla;
porque si es cautela justa
la que el delito averigua,
no es justa la que ocasiona
a emprenderlo a la malicia;
y así habéis de procurar
descubrir la alevosía
con medios tan atentados
y razones tan medidas,
que sin irritar sepáis
quien es el que ya conspira
mas no quién conspirará,
si vuestro favor le anima;
que supuesto que sabéis
que no son crueldades mías
las que el nombre de tirano
me han adquirido en Sicilia,
sino haber mi padre y yo
convertido en monarquía
su república, adornando

nuestras dos frentes altivas
de su laurel, reprimiendo
voluntades y osadías;
si cuando borrar pretendo
nombre que así me fastidia,
ocasionara delitos,
despertando alevosías,
la falsa interpretación
que al nombre tirano aplican
de cruel, justificara
en sus lenguas mi malicia.

Dión   De ingenio son más que humano
prevenciones tan divinas.
Pero, ¿qué ocasión halláis
en este intento, que impida
el casamiento de Aurora?

Rey   Olvidado se me había,
por no ser el principal
asunto de él mi sobrina.
Precisa ocasión, pariente,
a dilatarlo me obliga.
Y es que me importa que sea
la mano de vuestra hija
freno de las voluntades;
que como todos aspiran
a sus bodas, tengo a todos
con una esperanza misma
deseosos de obligarme;
que mientras no se averiguan
los traidores, quiero así

que sus intentos reprima;
porque si dándola al uno,
los demás se desobligan,
recelo que llegue el daño
antes que la medicina.

Dión   Basta, señor, no replico;
que como el fin se consiga,
para asegurar la vuestra,
consagro alegre mi vida.

Rey   Con esto a vuestra amistad
deberé otra vez la mía,
y su quietud y su rey
a vuestra lealtad Sicilia.

(Vase el Rey.)

Dión   Al fin la razón de estado
ha de vencer, que es forzoso,
a todo.

(Sale Policiano.)

Policiano   ¿Soy ya dichoso,
Dión?

Dión   Soy yo desdichado.

Policiano   ¿Cómo? ¡Ay de mí!

Dión   La licencia

	me negó su majestad.
Policiano	¿Cuándo vuestra voluntad ha hallado en él resistencia?
Dión	Agora.
Policiano	¿Pues a Dión se puede el rey oponer? ¿Ignora vuestro poder? ¿Olvida su obligación, o mis méritos desprecia? No penséis, con ser quien soy, que tanto crédito doy a mi confianza necia, que intente mi calidad igualar con la de Aurora; que nadie humano me ignora, nadie la ignora deidad. Mas si nadie la merece, y alguno la ha de alcanzar, ¿quien mejor puede aspirar al bien que su mano ofrece, si ha abonado mi valor vuestra elección, y si oí de su hermosa boca un sí, que es el mérito mayor?
Dión	Ni vuestro merecimiento duda el rey, ni mi poder. Causa debe de tener bastante su pensamiento,

que ni entiendo ni examino;
que de ser examinado
hace al rey exceptuado
lo que tiene de divino.
   Solo entiendo, aunque tan mal
me esté, que su gusto es ley,
Policiano; que él es rey,
y yo vasallo leal.
   Esto, en efeto, ha de ser.
Sabed sufrir, si sois cuerdo.

Policiano   Si gloria tan alta pierdo,
¿qué me queda que perder?
   ¿El rey a vuestros deseos
se ha de oponer ni a los míos?
Pues yo solo tengo bríos
para hacerle...

Dión   Deteneos,
callad, no os precipitéis.
Tened, tened sufrimiento;
que solo de vuestro intento
es dilación la que veis.

(Aparte.)   Aguardad, pues. (No quisiera
que, de la pasión vencido,
arrojado de ofendido,
en deslealtad incurriera;
   que el rey me mandó poner
en lo que he de averiguar
medios para examinar,
no lazos para caer;
   y así es conforme a razón

que cuando agraviar se ve,
yo la prevención le dé,
pues le he dado la ocasión.)
   Vencibles dificultades
no son hados soberanos,
ni los motivos humanos
se informan de eternidades.
   La causa que hoy os impide,
mañana puede cesar.
Si el dilatar no es negar,
quien dilata no despide.
   Ser prudente es ser sufrido.
Advertid que os aconsejo,
como amigo y como viejo,
que ni excedáis ofendido,
   ni atrevido os arrojéis;
porque si habláis libremente,
más que ganastes prudente,
impaciente perderéis;
   que si nos toca a los dos
el daño, no os muestro mal,
pues contra mí soy leal,
que lo seré contra vos.

Policiano (Aparte.)   (Ni sabe el amor ser cuerdo,
ni el loco sabe temer.
Sicilla se ha de perder,
vive Dios, si a Aurora pierdo.)

(Vanse los dos. Salen Ricardo y Diana.)

Ricardo   Es sin remedio mi pena;

	no hay consuelo en mi pasión.
Diana	Ricardo, ¿cuál ocasión tanto de ti te enajena?
Ricardo	¡Ay, querida hermana! Aurora, a quien adoro, la mano de esposa da a Policiano.
Diana (Aparte.)	(¡Ah, traidor!)
Ricardo	Mira si llora quien la pierde enamorado justamente.
Diana	¿Luego está hecho el casamiento ya?
Ricardo	No, pero está concertado; que basta para perder la vida con la esperanza.
Diana	No se queje si no alcanza quien no se atreve a emprender. ¿Quién hubiera más favor que tú, Ricardo, alcanzado, si te hubieras declarado? ¿Y más pudiendo tu amor tenerme a mí por tercera, pues tantas veces estoy con ella, y sabes que soy en su amistad la primera?

¿A quién la diera mejor,
si se la hubieras pedido,
que a ti su padre?

Ricardo   He querido
merecer de ella el amor
  antes que el consentimiento
de Dión.

Diana   Necio anduviste,
pues por concierto pudiste
dar vida a tu pensamiento.

Ricardo   Temí quedar desairado,
si de ella no era admitido;
que se arrepiente corrido
quien no alcanza declarado.

Diana   Querer por amor vencerla
tu silencio disculpaba,
mientras no te amenazaba
el peligro de perderla;
  mas hoy que ve ya tu amor
malograr tu pensamiento,
mátete el atrevimiento,
si ha de matarte el temor.
  Hablando vas a ganar,
callando solo a perder;
¿qué le queda que temer
al que ya se ve matar?
  El que llega a estar cercado
de ejército numeroso,

a los que huyó temeroso,
acomete despechado.
    Declara a Dión tu amor,
a Aurora tu sentimiento,
al rey tu amoroso intento,
y válgate su favor,
    pues le tienes obligado,
en tan urgente ocasión,
si se excusare Dión
con lo que tiene tratado;
    y si con esto los daños
que te amenazan no impides,
la guerra permite ardides,
y el amor perdona engaños.
    Con trazas y fingimientos
procura el bien que mereces;
y si tú, porque padeces
tormenta de pensamientos
    en el golfo de tus males,
no discurres, yo, que soy
mujer y en la arena estoy,

(Aparte.)   (¡Pluguiera a los cielos!), tales
    trazas y enredos, hermano,
sabré hacer, si lo permites,
que de la mano le quites
la esperanza a Policiano.

Ricardo   ¿Que permita es menester
lo que yo te he de rogar?
Diana, ¿puedo negar
lo que debo agradecer?
    Traza a tu gusto, dispón

mi remedio a tu albedrío.

Diana   Pues déjalo a cargo mío,
Ricardo, y habla a Dión.

Ricardo   ¿Cómo lo piensas trazar?

Diana   Pues que te fías de mí,
no me examines.

Ricardo   De ti
yo quiero todo fiar,
   pues conoces, cuando estás
de mi tormento advertida,
que a tu hermano das la vida,
y a ti un esclavo te das.

(Vase Ricardo.)

Diana   ¿Así se pagan finezas?
¿Así se premian lealtades?
¿Así desmienten verdades
los que prometen firmezas?
   ¡Ah, traidor! ¡Ah, fementido!
¡Ah, engañoso Policiano!
¿A Aurora has de dar la mano
que a Diana has prometido?
   No lo sufrirán los cielos;
primero te abrasarán
las llamas de este volcán
que arroja rayos de celos.

(Sale Elisa.)

Elisa   ¿Qué es esto, señora?

Diana   Es
pena, dolor, sentimiento.
Cuanto escuchas es tormento;
todo es rabia cuanto ves.
   Ofensas me tienen loca,
muerta me tienen agravios;
la vida tengo en los labios,
el alma tengo en la boca.
   En el pecho Mongibelos,
fieras en el corazón;
y en fin, tormentos que son
mayores, que tengo celos;
   y para que en tantos daños
ni esperanza pueda haber,
no se contentan con ser
celos, que son desengaños.
   Ese injusto, ese traidor,
ese cruel Policiano
a Aurora le da la mano
que debe a mi firme amor.
   Mira, Elisa, si me ciega
con razón el sentimiento,
no llegando el sufrimiento
donde el sentimiento llega.

Elisa   ¿Quién creyera tal mudanza
de su firmeza jamás?

Diana	Ven conmigo.
Elisa	¿Adónde vas?
Diana	A disponer la venganza, ya que no el impedimento.
Elisa	No provoques el rigor de Ricardo.

Diana	De su amor
	se valió mi atrevimiento
	    porque en Aurora le alcanza
	igual desdicha, y así
	a restaurar me ofrecí
	con enredos su esperanza.
	    Vino en ello; y con color
	de que remedio sus daños,
	ha de tener por engaños
	las verdades de mi amor.

Elisa	De esa suerte vas segura.
Diana	Nada temo su crueldad; que el amor es ceguedad, y los celos son locura.

(Vanse las dos. Salen Filipo y Turpín.)

Filipo	Advierte que me conviene que me avises luego, en viendo que viene Dión.

Turpín	Ya entiendo.
Filipo	¿Cómo?
Turpín	¿No es fácil, si tiene tanta hermosura mi ama?
Filipo	Engáñaste; que jamás la he visto.

Turpín	Pues estarás
	enamorado por fama;
	   que es muy señoril acción
	a una famosa beldad
	amarla por vanidad,
	más que por propia afición.
	   Hombre conozco yo aquí
	que lo tiene por oficio.

Filipo	De poco seso da indicio. Pero no sucede en mí lo que piensas.
Turpín	O querrás andar muy cauto conmigo. Pues de tu mayor amigo confiar no debes más que de mí. Buen desengaño puedo dar de mi sujeto. No guarda mejor secreto un ministro el primer año.

Criado de Aurora soy,
y eres tú del rey su tío
privado; y así confío
que si de tu parte estoy,
   en cualquier caso podré
asegurarme del daño;
y en ti con esto es engaño
formar dudas de mi fe,
   si yo te puedo servir.

Filipo   Sobre un intento secreto
vengo a hablarla, y te prometo
que a podértelo decir,
   duda en tu fe no pusiera.

Turpín (Aparte.)   (Solo por ver si le obligo
a ser liberal conmigo
le estoy sacando a barrera.)
   ¿No puedo saberlo al fin?

Filipo   Imposible cosa es.

Turpín   Pues juro a Dios que después,
pues recelas que Turpín
   no será buen secretario,
si sé que a Aurora deseas,
aunque más privado seas,
me has de tener por contrario.

Filipo   Quede así, y haz lo que digo,
Turpín; que importa el cuidado.

Turpín	Entrar puedes confiado,
	pues a tenerlo me obligo.
(Aparte.)	(Mal entiende mi deseo.
	Doyle otro tiento.) Quisiera
	que adviertas que no lo hiciera
	sino por ti.
Filipo	Yo lo creo.
	Vete, vete.
Turpín (Aparte.)	(¿Que obligaros
	no es posible a mi intención?
	Pues si viniere Dión
	—¡vive Dios!— de no avisaros.)

(Vase Turpín. Salen Camila y Aurora, por otra parte. Filipo se queda retirado.)

Camila	En fin, ¿negó el rey, señora,
	a tu padre la licencia?
Aurora	Mejor dirás la sentencia
	contra la vida de Aurora;
	pues contra mi gusto hiciera
	estas bodas, de obediente
	a mi padre solamente;
	y confieso que si hubiera
	declarado la afición
	que tan secreta ha tenido,
	y a los labios atrevido
	las penas del corazón
	Ricardo, pasara yo

con el más alegre vida;
que me tiene agradecida,
ya que enamorada no.

Camila   ¿Agora sales con eso?

Aurora   Nunca, antes que diera el sí
a Policiano, sentí
lo que agora te confieso;
    pero después que llegué
a juzgarle esposo mío,
violentado mi albedrío,
de Ricardo comencé
    a hacer más estimación,
y a pensar que hiciera empleo
mejor en él; que el deseo
despertó la privación.

Camila   ¿De suerte que no es amor
el que tienes?

Aurora   Comparado
con Policiano, he juzgado
que merece mi favor
    Ricardo; pero sin eso,
aunque no me desagrada,
no me siento enamorada,
si obligada me confieso.
    Mas, ¿quién está aquí?

Camila   Persona
parece de calidad.

Aurora	Su compuesta gravedad sus nobles partes pregona.
Camila	¿Qué querrá? ¿Y cómo ha llegado, sin avisar, hasta aquí?
Aurora	Sepámoslo; que es ya en mí la curiosidad cuidado.
Camila	A cualquiera puede dalle cuidado y curiosidad.
Aurora	Y más si su calidad se conforma con su talle.
Filipo (Aparte.)	(Del rey alienta el deseo favorable la ventura, pues dice ya esta hermosura que es Aurora la que veo.) Hasta saber el intento de llegar adonde veis sin licencia, no culpéis, señora, mi atrevimiento; que de la misma ocasión echaréis de ver que ha sido forzoso ser atrevido para lograr la intención, si no me engañan, señora, los ojos, cuando asegura la fama de esa hermosura que sois la divina Aurora.

Aurora	Menos esa adulación,
	soy Aurora, y ya deseo
	de la novedad que veo
	escucharos la ocasión,
	y saber quien sois.
Filipo	Yo soy
	Filipo, del rey criado,
	si valido, no privado;
	porque a vuestro padre doy
	solamente este lugar.
Aurora	Ya por fama os conocía,
	y a mi piedad algún día
	debieron más de un pesar
	los que os hizo la Fortuna.
Filipo	Ya ha cesado su rigor,
	y ya con ese favor
	no temo mudanza alguna;
(Aparte.)	que esa beldad... (Pensamiento,
	¿dónde vuelas? ¿Dónde vas?)
	...si he de decir lo demás
	que causó este atrevimiento,
	aparte habéis de escucharme,
	porque el caso lo requiere.
Aurora	Por si mi padre viniere,
	Camila, para avisarme,
	pues su esquiva condición
	conoces, ponte en espía

en esa ventana.

Camila   Fía
tu cuidado a mi atención.

(Vase Camila.)

Aurora   Ya estamos solos, hablad.

Filipo   Señora, si del Amor
no habéis probado el rigor,
al menos su ceguedad
   por fama habréis entendido...
(Aparte.)   (Y ya, ¡triste yo!, la mía
con importuna porfía
mi corazón ha rendido.
   Inútilmente pretendo
resistir; el rey lo erró
cuando de mí se fió;
que debiera, conociendo
   tan soberanos despojos,
para evitar sus agravios,
dar comisión a los labios,
sin concederla a los ojos.)

Aurora   ¿Qué os suspendéis?

Filipo   ¿Cómo puede
dejarse de suspender
quien os ha llegado a ver?
¿Cómo queréis que no quede
   absorto, señora, en vos,

35

si es Dios la misma hermosura
cuando goza mi ventura
en la vuestra tanto Dios?

Aurora   ¿Es éste acaso el secreto
que tenéis que hablarme?

Filipo   No:
aquí, señora, causó
vuestra beldad este efeto.
  Otra, Aurora, es mi intención;
mas cuando son desiguales
los impulsos naturales
al poder de la razón,
  no gobierna el albedrío;
que si en corrientes de plata
al caminante arrebata
bramando el furioso río,
  de su jornada se olvida;
y solo en peligro tal
con afecto natural
trata de escapar la vida.
  Así yo, puesto que atento
a otro fin os entré a hablar,
en llegándoos a mirar,
con ímpetu tan violento
  me vi anegar en abismos
de hermosura, que forzado
de su poder, y olvidado
de mis pensamientos mismos,
  al deciros la ocasión
porque os vi, con furia loca

me arrebató de la boca
las palabras la pasión.
   Y así, mi error perdonad;
que en el primer movimiento,
ni juzga el entendimiento,
ni elige la voluntad.

Aurora (Aparte.)   (Tente, pensamiento mío;
que previene ya el temor
en halagos del amor
ofensas del albedrío.)
   Injusta desconfianza
mostráis en tan justo efeto;
ni la hermosura es defeto,
ni es injuria la alabanza.
   Y si el ver encarecida
su belleza tanto agrada
a la mujer, obligada
me juzgad, y no ofendida;
   si no es ya que la intención
que declararme queréis,
es mi ofensa, y pretendéis,
temiendo mi indignación,
   reprimirla; y prevenido,
con alabarme habéis hecho,
Filipo, prisión del pecho
la lisonja del oído.

Filipo   No, señora; no el veneno
he querido disfrazar;
que en lo que os vengo a tratar
solicito gusto ajeno.

(Aparte.)   (Tan contra mí, que podéis
colegir, viéndome tal,
que es lo que me está más mal
que mi demanda otorguéis.)
   Del rey bellísima Aurora,
vengo a vos por mensajero;
de su afición soy tercero,
y de que ciego os adora,
   testigo, si es menester
para probar su afición
mas notoria información
que saber que os llegó a ver.

(Aparte.)   (¡Ah, cielos! Yo soy perdido;
que Aurora no se ha enojado.)

Aurora (Aparte.)   (Engañóse mi cuidado.
¡Qué presto ha desvanecido
   mi esperanza! Pero, ¿cuándo,
loco Amor, los gustos das
más firmes?) ¿No decís más?

Filipo   ¿Qué más?

Aurora   Estoy aguardando
a saber si es el intento
de mi tío ser mi esposo.

Filipo   Él fuera en eso dichoso
mas tiene su casamiento
   en Cartago ya tratado.

Aurora   ¿Luego pretende su amor

	su gusto en mi deshonor?
Filipo	Es rey y está enamorado.

Aurora
Bien decís; lo mismo es
enamorado que loco,
y no muestra estarlo poco,
pues prefiere el interés
  de su antojo a mi opinión.
¿No advierte el rey por ventura,
cuando imprudente procura
ofender con su afición
  de mi padre la nobleza,
que aun hoy, aunque está
gozando del cetro, le está
temblando la corona en la cabeza?
  ¿Olvida...

Filipo (Aparte.)
  (Albricias, Amor,
que se ha enojado.)

Aurora
...que debe
el honor a quien se atreve
a ofender en el honor?
  ¿Así paga beneficios?
¿Así asegura lealtades?
¿Así obliga voluntades
y recompensa servicios?
  ¿Así el nombre de tirano
quiere borrar? ¿Y así intenta
en el reino que violenta,
acreditarse de humano?

¡Vive el cielo, si no enfrena
tan mal advertido antojo,
que ha de sentir en mi enojo
de su locura la pena!
   ¿A Aurora, a Aurora se envía
recado tan atrevido?
¿Y vos, vos habéis venido
con tal vil mensajería?
   No sé de cual de los dos
más ofendida me hallo;
del rey, en imaginallo,
o en decírmelo, de vos.

(Vase Aurora.)

Filipo   Mil veces enhorabuena,
bella Aurora, os enojad,
pues asegura piedad,
ese rigor, a mi pena.
   Nunca ha sido tan gustosa
la furia, nunca se ha visto
el enojo tan bien quisto,
ni la ira tan hermosa.
   No en vano, Amor, a tus aras
y al imperio de tus leyes
rinden sus cetros los reyes,
y los dioses sus tiaras;
   no en vano, pues tales son
tus fuerzas, que en un momento
ciegas el entendimiento
y aprisionas la razón.
   Loco estoy, estoy perdido,

y tan otro de mi estoy,
que ni conozco el que soy,
ni me acuerdo del que he sido.

   Solo ya mi entendimiento
juzga el bien mayor amar;
solo discurre en buscar
remedios al mal que siento.

   De mi ciego desvarío
el rey perdone el error,
pues da disculpas su amor,
y no escarmientos al mío.

   Mi obligación he cumplido,
y aun hice más que debí,
pues tercero contra mí
de sus cuidados he sido.

   Hasta aquí de mi lealtad
pudo extenderse la ley,
mas no a que el amor del rey
la ponga a mi voluntad..

   Y más cuando Aurora aquí
se le mostró tan cruel
pues de los desprecios de él
mis favores colegí;

   que mientras sus alabanzas
publicó mi suspensión,
dio su benigna atención
aliento a mis esperanzas;

   y después se mostró airada
cuando el amor entendió
del rey, quizá porque vio
su imaginación burlada.

   Claro está, pues por lo menos

estimó mis desvaríos
quien humana oyó los míos,
y enojada los ajenos.

    Pues cuando yo he merecido
sus favores, y el rey no,
¿qué le ofendo en querer yo
ganar lo que él ha perdido?

    Y puesto que el rey se ofenda,
¿qué me ha de costar? ¿La vida?
Menos la temo perdida,
que perder tan alta prenda.

    Todo, para conseguir
tanto bien, lo he de emprender;
que no queda qué temer
al que se atreve a morir.

Fin de la primera jornada

Jornada segunda

(Salen Filipo y el Rey.)

Filipo   Tan resuelta, señor, y tan airada
rigores respondió a tus rendimientos,
que en el mar espumoso concitada
la furia de encontrados elementos
cuando turban la luz, el cielo ocultan,
confunden la región y el Sol sepultan
espíritus del Austro, no amenazan
con tanto horror, con tan airado ceño,
funesto fin al naufragante leño,
como Aurora, si cabe por ventura
esta comparación en su hermosura,
duplicó furias, repitió rigores,
juzgando ofensas suyas tus favores,
vueltos volcanes de iras y de agravios
los que eran de coral hermosos labios,
noches de espanto y Etnas de centellas
las que eran más que el Sol claras estrellas.
Tal la vi al fin, perdona el desengaño,
pues como ofende al gusto, evita el daño,
que yo he juzgado que tu pecho amante
bate con cera muros de diamante.

Rey   ¿Cómo, Filipo, basta el sufrimiento,
siendo tanto mi amor, a mi tormento?
¿Cómo puedo vivir si a mis sentidos
tanto veneno das por los oídos?
No es posible, Filipo; la paciencia

me falta; no, no tengo resistencia
contra mí mismo. Sujetarme veo
del imperio tirano del deseo.
¿Qué importa la corona, qué la vida,
no siendo Aurora de mi amor vencida?
Todo lo he de arriesgar por obligarla,
todo lo he de perder por alcanzarla.

Filipo   ¿Qué es esto? ¿Así, señor, de ti te olvidas?
¿Así excedes de ti, que así antepones
la ejecución de ilícitas pasiones
a tantas esperanzas concebidas
de tu prudencia, tu valor y seso,
cuando ha impuesto Sicilia el grave peso
de este reino en tus hombros solamente
por juzgarte filósofo prudente?

Rey   Ya no lo soy Filipo, si lo he sido;
otro soy del que fui, porque he perdido
el ser y el alma, pues por ella agora
solo me informo del amor de Aurora.
La ciencia filosófica, el prudente
discurso y el valor de los humanos
no evita los destinos soberanos,
no de los dioses el poder desmiente.
Amor es dios, la mano suya ha sido,
la flecha, Aurora, que mi pecho ha herido;
pues en mi rendimiento, ¿qué te admira,
donde es deidad la mano que me tira,
y porque del remedio desespere,
deidad también la flecha que me hiere?

Filipo (Aparte.) (Resuelto está en mi daño.)

Rey El seso pierdo
nada puedo conmigo; que en un loco,
la ciencia y el valor importan poco.

Filipo Gran señor, no está lejos de su acuerdo
el loco que conoce su locura.
Procura divertir tu mal, procura
templarte; que al principio el accidente
obedece al remedio fácilmente.
Y si juzgas difícil la vitoria,
en la dificultad está la gloria;
que en lo que el mismo caso facilita,
ni se muestra el valor ni se acredita.
Remedios traza, ocupa el pensamiento,
divierte la memoria, que al tormento
ministra la materia; otros amores
merezcan tus cuidados y favores.
¿Es sola Aurora? ¿En sola su belleza
extremó su pincel naturaleza?
Muchas hay en Sicilia que a la hermosa
Venus de Adonis tienen recelosa,
y las puedes amar sin el delito
que contra Aurora, tu sobrina, intentas,
pues afrentas tu sangre si la afrentas.

Rey Eso todo es así, Filipo amigo;
mas no es así poderlo yo conmigo,
y más cuando celoso considero
que otro merece el bien que yo no espero.

Filipo	¡Otro! ¿Cómo, señor?
Rey	Su hermosa mano, de ella admitido, espera Policiano.
Filipo (Aparte.)	(¡Ay de mí!)
Rey	Y ya la hubiera conseguido, a no haberlo mis celos impedido.
Filipo	Bien has hecho, señor; no lo consientas; nadie merezca lo que tú no alcanzas; baste que el mal, enamorado, sientas de no poder lograr tus esperanzas, sin que celoso te dupliques penas, viendo también logradas las ajenas. Desdichado se llora el que no alcanza; mas su tormento alivia la esperanza de ver al fin premiada su querella; que no alcanzar la gloria no es perdella; mas quien su prenda ve en poder ajeno, ése pérdida llora, ése el veneno mortal traslada al corazón del labio. Desdicha es no alcanzar, perder, agravio; y quien llora perdido el bien que adora, agravios ése, y no desdichas, llora; el sentimiento de no ser querido puede morir a manos del olvido; mas el agravio de perder la gloria apuesta con la vida en la memoria; y así, aunque resolvieses no quererla, para olvidalla importa no perderla.

Rey   Resuelto estoy. No gastes persuasiones
                en lo que te aseguran mis pasiones;
                que el curso arrebatado y la violencia
                con que el celoso amor me precipita,
                no de nuevos impulsos necesita.
                Vuelve a mi bien, Filipo, y de mis males
                le presenta evidencias, no señales;
                por dicha mis tormentos repetidos
                hallarán más piadosos sus oídos.
                Procura persuadirla, y para vella
                alcánzame licencia; que sin ella
                el amor ciego que mi pecho anima,
                teme el rigor cuanto el favor estima.

Filipo   Yo parto, gran señor, a obedecerte,
                y asegurara el fin a tus pasiones
                dichoso, si en mi lengua las razones
                tuvieran, cuando así obligar me veo,
                las fuerzas que en mi pecho mi deseo.

(Vase Filipo.)

Rey   Si es efeto el amar de las estrellas,
                en que no tiene parte el albedrío,
                pedir que os inclinéis es desvarío,
                Aurora, a lo que no os inclinan ellas.
                    Mas ya que de mi incendio a las
                centellas
                ardientes vuestro pecho esté tan frío,
                que no podáis sentir el dolor mío,
                quered sentir al menos mis querellas.

47

Nunca, Aurora, en amantes mal
pagados,
que a fuerza de los hados han querido,
vi que la libre voluntad no enferme,
    Yo solo, a no quereros por mis hados,
os quisiera querer aborrecido;
¿por qué queréis, querida, aborrecerme?

(Salen Diana y Elisa, con mantos, por otra parte.)

Diana   Vanos consejos me ofreces.
                         detenerme es por demás.

Elisa   ¿Tan ciega, señora, estás,
                         que contra ti te enfureces?
                             ¿Qué ha de sentir de tu honor,
                         viendo que tanto lo sientes?

Diana   De los dos inconvenientes
                         vengo a tener por menor
                             el arriesgar mi opinión,
                         que perder a Policiano.

Elisa   Donde reina amor tirano
                         es esclava la razón.

Diana   Aquí está el rey. Llego, pues,
                         que en estar solo parece
                         que el cielo me favorece.
                         Dadle, gran señor, los pies
                             a Diana.

Rey

        Alza del suelo,
no agravies la estimación
que debo a tu perfección,
de que es imagen el cielo.
    ¿Qué exceso es éste, Diana?

Diana

Es exceso de mi suerte,
que hasta en negarme la muerte
quiere mostrarse inhumana,
   pues la que vive agraviada,
solo en morir es dichosa.

Rey

En viéndote tan hermosa,
te contemplé desdichada.
   Mas a tu pena importuna
término puedes poner,
si acaso tengo poder
para vencer tu fortuna;
   que a tus deudos he debido
la que gozo levantada.
Pedir puedes confiada,
pues prometo agradecido.

Diana

   ¿Quién sino vos, cuya real persona
quilates de valor, luz de nobleza,
rayos de ciencia añade a la corona
que dignamente os ciñe la cabeza,
sabe premiar servicios, si a premiarlos
es bastante en un rey el confesarlos?
   ¿Quién como vos remediará mis males,
si en mí, para que de ellos el olvido
llegue a borrar las últimas señales,

es bastante el haberlo prometido;
pues en quien puede como vos no pesa
el mismo efeto más que la promesa?

    ¿Y a quién abrieran mis quejosos labios
las secretas prisiones en que el pecho
vergonzoso ocultaba los agravios
que en mi opinión tan duro estrago han
hecho,
sino a un rey que por noble y por discreto,
el remedio asegura y el secreto?

    Produzca pues tan justa confianza
efetos libres de temor, y el daño
pronuncie con que paga mi esperanza
de Policiano el alevoso engaño,
que olvida acaso por desdicha mía
vuestro poder, cuando en el suyo fía.

    El lustro apenas de mi edad tercero
me concedió de la razón el uso,
cuando él, traidor, amante lisonjero,
cautelas fabricó, medios dispuso,
mostró finezas, que a cualquier recato
el nombre dieran con razón de ingrato.

    No se desmiente el cocodrilo tanto
en voz humana y en llorosa vena,
.....................[-anto]
.....................[-ena]
como él con quejas, lágrimas y amores
solicitó engañoso mis favores.

    Y para dar el último combate,
si no a mi honestidad, a mi albedrío,
porque más mis rigores no dilate,
promete que ha de ser esposo mío.

¡Oh, necia la que da a la confianza
lo que puede negarle la mudanza!
    Al fin les negoció la diligencia
crédito a sus ficciones de verdades,
y el crédito en mi amor correspondencia;
que si hay cómo obligar las voluntades,
es monstruo, no mujer, la que ha podido
ser esquiva al amor, si lo ha creído.
    Pues teniéndole ya, ¿qué fortaleza
puede oprimir el encendido fuego?
Porque el mismo peligro en que tropieza,
el amante no ve, se llama ciego;
y así la fe de su promesa pudo
dar lengua en su favor al amor mudo.
    Declaréme su amante, y como dueño
en público gozó correspondencias,
y menos el mayor, último empeño,
en mi amor se atrevió a tantas licencias,
que se puede atrever también el labio
más recatado a murmurar mi agravio.
    Mi agravio, pues, os diga mi tormento,
publique sus traiciones su mudanza,
vuestras ofensas pruebe el loco intento
de poner en Aurora su esperanza,
y todo junto, gran señor, os diga
a lo que, siendo rey, todo os obliga.

Rey   ¿Fe de esposo te dio?

Diana   Si necesita
mi verdad de testigos...

Rey   No, Diana;
que tu misma querella te acredita,
pues no con causa y ocasión liviana,
arriesgando su fama, a excesos tales
se arrojan las mujeres principales.
    Vete, Diana, vete. No te vea
quien pueda murmurarte; y no permitas
más riendas al temor, pues te desea
lo mismo que agraviada solicitas,
agradecido un rey.

Diana   Tales favores
aun no me dejan sombras de temores.

(Vanse los dos. Salen Ricardo y Turpín.)

Ricardo   ¿Qué dices? Dame esos brazos.

Turpín   Cuando del bien que codicias
te he dado nuevas, albricias
esperaba, que no abrazos.

Ricardo   Esta piedra, en quien vencido
(Dale una sortija.)   se ve el farol celestial,
no es premio, sino señal
de mi pecho agradecido.

Turpín   Esto han de hacer los amantes
para hacer hablar los mudos;
que escudos vencen escudos,
diamantes labran diamantes.
    ¿Qué secreto, que misterio

no sabrás con medio igual,
si la mano liberal
tiene en las almas imperio?

Ricardo   En fin, ¿que se han dilatado
las bodas?

Turpín   Y aun yo sospecho
que del todo se han deshecho,
según vi desesperado
  a Policiano ofendido
querellarse de Dión.

Ricardo   Según eso la ocasión
mi esperanza no ha perdido.

Turpín   No la ha perdido; mas creo
que la vendrás a perder;
que quien no sabe emprender,
nunca logra su deseo.
  Callando, ¿quién persuadió?
¿Quién venció sin intentar?
¿Quién obligó sin rogar?
¿Quien sin pedir alcanzó?
  Aun con los dioses, que entienden
las humanas intenciones,
a fuerza de peticiones
negocian los que pretenden;
  y al fin, para concluir,
oye una comparación.
Al tribunal del león
llegó una oveja a pedir

justicia de un carnicero
lobo, que un hijo le había
muerto, de dos que tenía;
y con el otro cordero
    que vivo quedó, postrada,
por darle más compasión,
ante los pies del león,
calló, un rato, o bien turbada,
    o bien por encarecer
de esta suerte de su mal
el extremo; que es señal
de gran pena enmudecer.
    Estaba hambriento el león,
y como calló la oveja,
no previno su queja,
no quiso su intención
    entender; hízose bobo,
y fingiendo que pensaba
que el cordero le endonaba,
hizo lo mismo que el lobo.
    La oveja, con agonía
balando, empezó al momento
a declararle el intento
con que allí venido había;
    mas él dijo: «No negaras
tanto la voz a los labios;
si era contar tus agravios
tu fin, al punto empezaras,
    hablando, a informarme de ellos;
que en esto de corazones
sabemos más los leones
de comerlos que entendellos».

Pienso que la fabulilla
viene a pelo. Habla a Dión,
dile a tiempo tu intención;
que es cierto que con decilla
a ocasión y con instancia
harás que tema tus quejas,
pues al menos no le dejas
la excusa de la ignorancia.

Ricardo   Bien dices; pero querría
hablar a Aurora primero;
porque declarar no quiero
sin su voluntad la mía.

Turpín   A mí también me contenta,
Ricardo, ese parecer;
que es vano trabajo hacer
sin la huéspeda la cuenta.
Ella sale, hablarla puedes.

Ricardo   Y su padre, ¿dónde está?

Turpín   Si vienes resuelto ya
a pedírsela, ¿qué excedes
en hablarla y pretendella?

Ricardo   Al fin, pues tengo ocasión,
me he de arriesgar con Dión,
por declararme con ella.

(Vase Turpín. Sale Aurora.)

Aurora	¿Quién está aquí?
Ricardo	Aurora hermosa, no os retiréis. Aguardad, y de cortés escuchad, si no escucháis de piadosa. Lo que la suerte dichosa pródigamente me ha dado, no lo niegue recatado, señora, vuestro desdén; advertid que el Sol también sale para el desdichado.
Aurora	Ricardo, hallaros aquí sin haberme prevenido, la justa ocasión ha sido de haberme extrañado así; y vos sin razón de mí en esto os habéis quejado; que si a verme habéis llegado, siendo eso lo que intentáis, más de atrevido ganáis, que perdéis de desdichado.
Ricardo	¡Cuán cierto me prometiera, Aurora bella, el perdón, a ser lengua el corazón que mis males os dijera! ¡Cuán dichoso fin tuviera la desventura que siento, si supiera mi tormento, siendo tantos sus rigores,

deciros cuántos temores
me cuesta este atrevimiento!
    Mientras del mar enojado
y del viento a la violencia
se opone la resistencia
de la vela y el costado,
duerme en su esfera el cuidado;
mas en llegando a faltar
la esperanza de salvar
la vida en el roto leño,
rompen las voces el sueño,
los brazos hienden el mar.
    Sepultado del volcán
en las hondas cavidades,
sus ardientes calidades
disimula el alquitrán;
pero si fuego le dan,
rompe los profundos senos,
y los elementos, llenos
de su furia, se estremecen;
nubes y rayos parecen
las cenizas y los truenos.
    Yo, en mi esperanza embarcado,
el mar de amor discurría,
y la materia escondía
de mi incendio mi cuidado;
mas ya los celos han dado
fuego al alma, y el dolor
de perder mi bien mayor
me anega, y a mi despecho
revienta la mina el pecho,
se arroja al agua el amor;

que viendo ya mis intentos
malogrados, dueño hermoso,
rompe el silencio medroso
en voces y atrevimientos.
Con mil mudos pensamientos
sin fruto vuestros despojos
adore; y ya mis enojos
a la lengua escucharéis,
señora, pues que os hacéis
desentendida a los ojos.

    Como busca el ciervo herido
la fuente, y a sus cristales
les restituye en corales
lo que en perlas ha debido;
así yo, Aurora, he venido,
de Amor herido, a buscaros,
por ver si puedo obligaros
a remediar mis enojos,
pagando en llorar los ojos
lo que os deben en miraros.

    Tened piedad de esta vida
que sola vos informáis;
si enamorada os negáis,
no os neguéis agradecida.
Permitidme, condolida,
que os pueda a Dión pedir;
que en negar o en permitir
solo estriba, dueño hermoso,
o atreverme venturoso,
o desdichado morir.

Aurora (Aparte.)   (Ni mi padre ha de querer,

ni el rey licencia ha de dar;
pues, ¿qué arriesgo en no negar?
¿Qué pierdo en agradecer?
Y cuando venga a tener
efeto el darle la mano,
¿amante esposo no gano,
contado entre los más buenos,
que a mis ojos por lo menos
es mejor que Policiano?
    Algún tiempo sus intentos,
¿no hallaron en mis cuidados
si no gustos declarados,
agradados pensamientos?
Si se llevaron los vientos
la esperanza tan en flor
que vio en Filipo mi amor,
desengañada, ¿qué aguardo?
Dé la verdad a Ricardo
lo que le quito el error.)

Ricardo   Mucho me dais que temer;
ya llego a desconfiar;
que es indicio de negar
el tardarse en conceder.

Aurora   Ricardo, no puede ser
el pecho que es noble, ingrato;
y del amoroso trato
conocida la verdad,
ocultar la voluntad
más es crueldad que recato.
    La suspensión en mirar,

mil veces vuestros enojos
me ha dicho que por los ojos
sabe el corazón hablar.
No os ha dañado el callar;
antes en mi pensamiento
adelantó vuestro intento;
porque en los que amantes son,
es sobra de estimación
la falta de atrevimiento.

    Y así, agora que a venceros
del celoso ardor llegastes,
por lo que en temer ganastes,
no perdéis en atreveros;
antes debo agradeceros
el haberos declarado,
pues no es de haberme estimado
indicio menos forzoso
el atreveros celoso,
que el temer enamorado.

    Y así, os doy para tratar
esto a mi padre licencia;
que esto solo en mi obediencia
os queda por conquistar.
Si lo llegáis a obligar,
dad por hecho el casamiento;
mas si a vuestro pensamiento
reducirlo no podéis,
vuestra suerte culparéis,
y no mi agradecimiento.

(Vase Aurora.)

Ricardo	¿Qué imperio puede tener
	ya de la suerte el rigor
	en quien tan alto favor
	ha llegado a merecer?
	No me queda que temer;
	que pues me has favorecido,
	aunque llegue a ver perdido
	el bien que agora alcancé,
	al menos no perderé
	el haberlo conseguido.

(Sale Turpín.)

Turpín	Pues, ¿qué tenemos? ¿Venciste?

Ricardo	Mi bien puedes celebrar.

Turpín	En albricias te he de
	dar la sortija que me diste.

(Acomete a darle la sortija.)

Tómala.

Ricardo	Bien las pediste,
	yo te las debo.

Turpín	Si eres
	tu tan liberal, que infieres
	lo que no pensó Turpín,
	no replico, porque al fin
	ha de ser lo que quisieres.

Mas aquí viene Dión;
y pues hoy con tal ventura
has comenzado, procura
no perder esta ocasión.

Ricardo   Agora mi pretensión,
de Aurora favorecido
le diré más atrevido.

(Sale Dión.)

Dión   ¡Ricardo amigo!

Ricardo   A buscaros,
noble Dión, para hablaros
en un negocio he venido.

Dión   Prevenciones excusad,
si acaso estáis satisfecho
de la amistad de mi pecho.

Ricardo   Pues dais licencia, escuchad.

(Hablan bajo.)

Turpín (Aparte.)   (¡Mal haya, dijo un juglar,
de buen gusto y gracias lleno,
quien tiene dinero ajeno
y se acuesta sin cenar!
   Y el que quiere ser esponja
de algún señor, ¡haya mal,
si no lo hace liberal

a costa de una lisonja!
    Y, ¡mal haya el que perdió
la ocasión de enriquecer,
teniendo hermana o mujer
o hija hermosa! Aquí entro yo.
    Cubra el siciliano suelo
de amantes de Aurora Amor;
que a todos igual favor
he de vender, ya que el cielo
    dueño tan bello me dio;
porque nos hemos de hallar,
si el tiempo dejo pasar,
ella vieja y pobre yo.)

(Vase Turpín.)

Dión   Cuando más exageréis
                       vuestros méritos conmigo,
                       lo menos, Ricardo amigo,
                       de lo que sé no diréis;
                           y así mi conocimiento
                       culpa vuestras prevenciones,
                       si multiplicáis razones
                       para esforzar vuestro intento.
(Aparte.)   (Mas —¡ay de mí!— la ocasión
                       es ésta de examinar
                       su lealtad, y ejecutar
                       de Dionisio la intención.
                           Fingir un agravio intento
                       con que la pueda cumplir,
                       como también excluir
                       de Ricardo el pensamiento.

Que Aurora dio la ocasión
a esta plática, y Aurora
ha de dar también agora
la materia a mi ficción.)

Ricardo   ¿Qué os suspendéis? Si la mano
me impide de Aurora bella
haber tratado con ella
casamiento a Policiano,
   advertid...

Dión   Ricardo, no;
que puesto que aún no está hecho,
y tenéis mejor derecho,
pues a nadie estimo yo
   tanto como a vos, no es eso
lo que impedimento os hace;
de más grave causa nace
nuestro daño; y os confieso
   que es tan en agravio mío,
que en ella misma veréis,
cuando de mí la escuchéis,
cuánto de vos me confío,
   y la amistad que a mi pecho
le debéis en declararme,
pues no dudo avergonzarme
por dejaros satisfecho.
   El rey, después que es deudor
de la corona real
que goza, a mi amor leal,
pues por mi industria y valor
   en el reino sucedió,

que su padre, contra el fuero
de la libertad, primero
tiranamente ocupó;
   en Aurora, en su sobrina,
hija de su misma hermana,
ha puesto afición liviana,
y tirano determina
   ejecutar sus deseos
en su deshonor. Ricardo,
este galardón aguardo,
y estoy tal, que...

Ricardo   Deteneos.
   Si Aurora es del rey amada,
puesto que mi pecho sienta
menos la muerte, haced cuenta
que yo no os he dicho nada.

(Vase Ricardo.)

Dión   ¡Ésta es fineza! ¡Esto es ser
vasallo noble y leal!
Nunca del cetro real
he codiciado el poder
   sino agora, porque hiciera
la demostración debida,
y la gloria merecida
por tal fineza le diera;
   que es nobleza sin igual
y valor sin semejante
saber ser tan cuerdo amante
por ser vasallo leal.

(Vaso Dión. Sale Filipo.)

Filipo
        Ni en mi tengo ya poder,
ni me atrevo a declarar;
que declararme es mostrar
que al rey me atrevo a ofender;
   y es al fin de Aurora tío,
y no es bien que me declare
mientras no me asegurare
de que estima el amor mío;
   porque si no, mi deseo fuera
necio, si perdiera,
por la dicha que no espera,
la ventura que poseo;
   y más debiendo temer
que Aurora, del pensamiento
combatida, habrá de intento
mudado ya; que es mujer,
   y es amarle ya posible;
porque de un rey el amor
es fuerte conquistador
del pecho más invencible.
   Segunda vez el ardiente
cuidado que al rey desvela
le diré, más por cautela
que por lealtad obediente,
   para entender el estado
de su desdén o favor.
Ella sale. Dios de amor,
favorece mi cuidado.

(Retírase. Salen Aurora y Camila.)

Camila   Oye un pensamiento mío.

Aurora   Di.

Camila   ¿No debes recelar,
si llega a desconfiar
de tu amor el rey, tu tío,
   que viendo su intento vano,
de parecer mudará,
y sin fruto no querrá,
ofender a Policiano?
   Y en dejando de impedir
que te dé la mano, quedas
sin excusa con que puedas
a tu padre resistir.

Aurora   Claro está.

Camila   Pues si tu amor
no se inclina a Policiano,
muestra al rey el pecho humano,
y con fingido favor
   anima su pensamiento;
y pues así no lo alcanza,
conservando su esperanza,
conserva el impedimento.

Aurora   Consejo es bien advertido.

Camila   Sal, pues, que Filipo espera.

(Vase Camila.)

Aurora (Aparte.)   (¡Oh, si tan dichosa fuera,
que no me hubiera mentido
  el pensamiento primero!
¡Cuán gustosa le escuchara,
si amante me deseara,
y no me hablara tercero!)

(Llégase Filipo a Aurora.)

Filipo   Aunque recelar debía,
bella Aurora, escarmentado
de vuestro rigor pasado,
que os enoje mi porfía,
  no os admiréis de que sea
importuno mensajero,
donde, pues os ve el tercero,
más que el amante granjea;
  si bien puedo colegir
mudanza en vuestra crueldad;
que es indicio de piedad
haberme querido oír.
  Segunda vez me ha mandado
el rey, señora, que os diga
del fuego que le fatiga
el solícito cuidado,
  y que le deis para hablaros
licencia; que no es menor
de enojaros el temor
que la gloria de miraros.

68

Y que advirtáis que no hay cosa,
si no mudáis parecer,
imposible a su poder,
o a su amor dificultosa.
    Perdonadme, si os parece
que en decíroslo os ofendo;
que quien yerra obedeciendo,
errando no desmerece.

Aurora   Filipo, no sé qué os diga.

Filipo   Yo sí sé qué me digáis.
Que ya del rey, pues dudáis,
estáis menos enemiga.
    No me diréis declarada
mas que me decís dudosa,
pues es respuesta piadosa
no responder enojada.

Aurora   Ni es injuria ser querida,
ni permite la razón
no pagar la obligación,
si no amante, agradecida.
    Ser amada es natural
lisonja, y nunca se ve
que a nadie, aunque mal le esté,
sepa la lisonja mal.
    Y así, aunque al lance primero
respondí con pecho airado,
no os espante que haya obrado
el cuidado lisonjero
    mudanza en mí, conociendo

	que no es ofender amar,
	y que no es justo pagar
	a quien ama, aborreciendo.
Filipo (Aparte.)	(¡Ay de mí! ¡Perdido soy!)
Aurora	Mas, ¿por qué busco razones,
	Filipo, y satisfacciones
	tan dilatadas os doy,
	y me disculpo al hacer
	lo que venís a rogar?
	Disculpas pide el negar,
	no las pide el conceder.
	Al rey le decid...
Filipo (Aparte.)	(¡Ay, cielos!)
Aurora	...que le pago.
Filipo	¿Qué decís?
Aurora	Parece que lo sentís.
Filipo (Aparte.) (Aparte.)	(No saben callar los celos.) No, señora. (¡Muerto soy!) Antes el gusto de ver el que el rey ha de tener si tales nuevas le doy, causa el efeto que veis.
Aurora (Aparte.)	(¿De gusto mudáis color? No. Yo os haré que al rigor

del tormento confeséis.)
   Pues porque le deis cumplido
el contento, y le tengáis,
pues lo que el suyo estimáis
tanto habéis encarecido,
   decidle, no solamente
que le estoy agradecida,
pero tan ciega y rendida
al amoroso accidente,
   que esta noche ha de lograr
la licencia.

Filipo   ¿Qué decís?

Aurora   Parece que lo sentís.

Filipo (Aparte.)   (No puedo disimular.
   Partiréme sin hablarla;
que tan en los labios siento
la furia de mi tormento,
que no podré refrenarla
   si los abro, y aun sospecho,
según el mal me atormenta,
que por los ojos revienta
el incendio de mi pecho.)

(Quiere irse Filipo.)

Aurora   ¿Sin hablar os despedís?
¿Qué es esto? Volved, mirad,
Filipo, que no es verdad
lo que he dicho.

Filipo	¿Qué decís?
Aurora	Que nada al rey le digáis de lo que me habéis oído; que fue fingido.
Filipo	¿Fingido?
Aurora	Parece que os alegráis.
Filipo	Parece que no os ofende el ver que me alegro yo.
Aurora	A ninguno le pesó de alcanzar lo que pretende.
Filipo	Pues, ¿que intento conseguistes, bella Aurora, en este efeto?
Aurora	Ver declarado un secreto que encubrirme pretendistes.
Filipo	¿Qué secreto os he negado, cuando serviros me toca?
Aurora	El que, a pesar de la boca, los ojos han confesado.
Filipo	Pues, ¿qué vistes en mis ojos, que a mis labios contradiga?

Aurora	Pena de que el rey consiga remedio de sus enojos.

Filipo	Pues, Aurora, con razón
	puedo sentir, siendo así,
	que valga menos aquí
	la verdad que la ficción.
	  Porque si pudo contigo
	más crédito conseguir
	lo que te muestro al sentir,
	que lo que al hablar te digo,
	  notorio agravio me has hecho
	en responder falsamente
	a lo que la boca miente,
	y no a lo que siente el pecho.

Aurora	Luego es cierto lo que yo de tu aspecto colegí.
Filipo	¿Quieres que diga que sí?
Aurora	¿Y podrás decir que no?
Filipo	Diré lo que tú gustares.
Aurora	¿Es bien que yo, aunque te amara, primero me declarara?
Filipo	¿Digo yo que te declares? ¿0 pudo mi desvarío prometerse por ventura que ocultase tu hermosura

pensamiento en favor mío?

Aurora   ¿Tan poco fías de ti,
teniendo tanto valor?

Filipo   Luego, ¿estimarás mi amor?

Aurora   ¿Quieres que diga que sí?

Filipo   Si nadie te mereció,
¿quién será tan atrevido?

Aurora   Quien tan venturoso ha sido,
que se lo pregunto yo.

Filipo   Según eso, Aurora, hablar
podemos claro los dos.
Yo te adoro.

Aurora   ¡Gloria a Dios,
que llegamos al lugar!

Filipo   Desde el punto que te vi,
te sujeté el albedrío.
Este delito no es mío,
si es delito, tuyo sí;
que si con poder violento
me abrasó tu rostro hermoso,
el rendimiento forzoso
no fue libre atrevimiento.
Esto digo solo, Aurora,
por disculpar el error
de haberte tenido amor,

sabiendo que el rey te adora;
   que a no ser tal la ocasión,
en tus méritos se ve
que, como por fuerza amé,
amara por elección.

   Mas no pienses que encubrí
hasta agora el amor mío
por temor del rey, tu tío;
por respeto tuyo sí;
   que fuera, Aurora querida,
no tenerlo o no estimarlo,
si a precio de confesarlo,
no despreciara la vida.

   Solo temer tus enojos
mis labios tuvo oprimidos,
porque aun juzgaba atrevidos
los indicios de mis ojos.
   Pero, como a tu grandeza
atreverme ofendería,
no mostrar que te quería
ofendiera tu belleza.

   Y así de entrambos agravios
evite las ocasiones,
diciéndolo las acciones
y negándolo los labios;
   que aunque decir mi tormento
es lisonja de tu gloria,
pues confieso la vitoria
que llevas del sufrimiento,

   y es más fineza perderme,
publicando mi pesar,
que privarte con callar
de la gloria de vencerme,

refrene el atrevimiento,
viendo que no es recompensa
de tu más liviana ofensa
mi más grave rendimiento;
   y callando mis cuidados,
por no ofenderte muriera,
si tu piedad no rompiera
al silencio los candados.
   Ya los rompí, y tan dichoso
soy ya, que no me has oído
menos humana atrevido,
que me mirabas medroso.
   Y así, Aurora, manda, ordena,
dispón de mí y de mi vida;
que en ventura tan crecida
que de seso me enajena,
   ni discurre el pensamiento
más que para obedecerte,
ni más que para quererte
me ha quedado entendimiento.

Aurora   Filipo, tres voluntades
os pone amor que vencer;
que se precia de emprender
donde hay mas dificultades.
   La de mi padre y la mía
y la del rey, todas tres
han de conformarse, o es
inútil vuestra porfía.
   Dionisio me adora ciego,
y mi padre a Policiano
ha prometido mi mano;
yo, aunque en amoroso fuego

me abrase, sin su licencia
no me he de determinar;
mi padre no la ha de dar
si el rey hace resistencia.
　Él, ya veis si la ha de hacer
pues sabéis su amor ardiente,
ved si tanto inconveniente
os atrevéis a vencer;
　que de ellos dos granjeada
la voluntad, de la mía
no dudéis; que aunque debía
no responder declarada,
　según la ley de mi estado,
fuera recato perdido,
tras lo que os he respondido
con haberos escuchado.

Filipo　　　　　No hay cosa que yo no pueda,
pues tu favor merecí;
que de la Fortuna así
he puesto un clavo a la rueda.

Aurora　　　　¿Mi favor es tu fortuna?

Filipo　　　Como es mi bien tu belleza.

Aurora　　　Si estriba en mí su firmeza,
no temas mudanza alguna
　mientras no la merecieres.

Filipo　　　Quien ama, no desobliga.
Pero, ¿que quieres que diga
al rey?

Aurora	Lo que tú quisieres.
Filipo	¿Y no lo que me ordenabas?
Aurora	Era engaño.
Filipo	¿Con que intento?
Aurora	Para ver si, del tormento apretado, confesabas.
Filipo	¿Luego le aborreces?
Aurora	Sí.
Filipo	¿Y a Policiano?
Aurora	La mano por mi padre a Policiano contra mi gusto ofrecí.
Filipo	Luego, ¿solo soy dichoso?
Aurora	Solo alcanzas mi favor.
Filipo	Pues perdone el rey; que Amor es dios, y es más poderoso.

Fin de la segunda jornada

Jornada tercera

(Salen el Rey y Filipo.)

Rey
Ya me ha vencido el dolor.
Todo lo he de aventurar,
y la fuerza ha de alcanzar
lo que, no alcanza el amor.

Filipo (Aparte.)
(No lo sufrirán mis celos.)

Rey
¿Qué dices?

Filipo
Que su desdén
lo merece, pues a quien
con rayos de oro los cielos
coronaron la cabeza,
obliga cuando pretende;
y su gusto, cuando ofende,
honra la mayor belleza.

(Aparte.)
(Desmiente así su sospecha,
por hacer su intento vano,
sin que conozca la mano
de donde sale la flecha.)

Rey
Pues muy presto pienso ver
sola a Aurora; que a Dión,
con la fingida ocasión
que te he dicho, quiero hacer
que a embarcarse parta luego;
que sintiéndome abrasar,

es fuerza pedir al mar
remedio de tanto fuego.

(Sale Policiano.)

Policiano (Aparte.)   (Hoy, bella Aurora querida,
me pierdo si no te gano;
que si no alcanzo tu mano,
¿para que quiero la vida?)

Filipo   Policiano viene.

Rey   A darme
quejas sin duda vendrá,
y ofendido me hallará
en lo que piensa culparme.

Policiano   Si los méritos, señor,
pueden dar atrevimiento,
si quejas el sentimiento
y cuidados el honor;
   si cuando Aurora y Dión
su blanca mano me ofrece,
con impedirlo oscurece
vuestra alteza mi opinión,
   no tendréis por desacato,
si quejoso me escucháis,
cuando indigno me juzgáis,
o yo os juzgo a vos ingrato.

Rey   ¡Basta, basta, Policiano!
¿Callo yo, y quejáisos vos?

                              ¿Pretendéis pagar a dos
                              esposas con una mano?

Policiano   ¡Yo a dos esposas!

Rey   ¡Callad!
                              Ni os disculpéis ni neguéis;
                              que otra vez me ofenderéis,
                              si me negáis la verdad.
                                  Cuando vos con pecho ingrato
                              mi sangre habéis ofendido,
                              y cometéis atrevido
                              contra Aurora estelionato,
                                  obligándole la fe,
                              por libre, que de otro dueño
                              conoce el forzoso empeño;
                              callando yo, que lo sé,
                                  solo el efeto os impido,
                              por huir la obligación
                              de hacer más demostración,
                              si me doy por entendido;
                                  ¿y mi silencio prudente
                              os da fuerza en la porfía,
                              y mi piedad osadía
                              para ser mas delincuente?
                                  ¿Sabéis que tiene a Diana
                              Ricardo, cuya lealtad,
                              opinión y calidad
                              tanto estimo, por hermana?

Policiano   Sí, señor.

Rey   Pues, ¿por qué así,
contra la fe que debéis,
en Diana le ofendéis,
y en él me ofendéis a mi?

Policiano   Lícitas correspondencias
le debo solo a su amor;
mas no excesos a su honor,
ni a su honestidad licencias.

Rey   ¿No ofrecistes, Policiano,
ser su esposo?

Policiano   Aunque lo hubiera
prometido, señor, fuera
quererme obligar en vano,
  no habiendo yo en confianza
de la promesa alcanzado
de ella más que haberle dado
palabras a mi esperanza.
  Cuanto más que no la di,
de que es notorio argumento
saber que el último intento
del amor no conseguí;
  porque, ¿cuál otra ocasión
me pudiera a mí obligar
a darla, sino lograr
en fe de ella mi afición?

Rey   Bien decís; mas de vos quiero
saber sola una verdad.
¿Adorastes la beldad

vos de Diana primero,
  procurando, enamorado,
obligarla y merecella,
o con sus favores ella
despertó vuestro cuidado?

Policiano

Yo primero su favor
pretendí, y en muchos días
no alcanzaron mis porfías
correspondencia en su amor.

Rey

Basta. Con eso habéis dado
vos contra vos la sentencia;
que si su correspondencia
pretendió vuestro cuidado,
  ¿por que la pagáis tan mal
después que la conseguistes?
¿con qué fin pretendistes
mujer que es tan principal?
  ¿No es bastante, para haberos,
siendo quien es, obligado,
haberla vos empeñado,
con pretenderla, en quereros?
  Si en fe de vuestra nobleza,
obligación y valor,
dio crédito a vuestro amor
y pagó vuestra fineza,
  ¿por qué la desestimáis?
¿por qué lo que es razón
premiar como obligación,
como agravio castigáis?
  ¿Qué hiciérades ofendido

de despreciado? ¿Podéis
hacer más de lo que hacéis
obligado de querido?

Decís que cuando la mano
le prometiérades dar,
no llegándola a alcanzar
en fe de ello, fuera en vano.

Pésame de que en vos quepa
tan indigno pensamiento,
y quien es por nacimiento
tan noble y cortés no sepa

que en tocando en la opinión
de damas tan principales,
aun los intentos mentales
inducen obligación;

cuanto más habiendo sido
públicos vuestros amores,
y públicos los favores
que de ella habéis recibido;

pues en quien sois confiada
con razón, se declaró
quien recelar no debió
verse de vos engañada.

¿No es cierto que su opinión
en opiniones pusiera
si vuestra esposa no fuera,
pues el pueblo con razón

juzgara, puesto que vio
que ella os quiso y la quisistes,
que algún defeto supistes,
por donde no os mereció?

Mas yo quiero de Diana

olvidar la causa agora.
¿No es mi propia sangre Aurora?
Su madre, ¿no fue mi hermana?

   Pues cuando a su casamiento
el pueblo con justa ley
por sobrina de su rey
debe universal contento,

   ¿será razón que su pecho
fastidien y sus orejas,
en el tálamo con quejas,
y con celos en el lecho?

   Pudiendo escoger esposo
mi sobrina, Policiano,
¿queréis vos que dé la mano
a un marido litigioso?

   Estando mi reino lleno
de hombres buenos, ¿será bien
que elija por dueño a quien
padece achaques de ajeno?

   Dejad tan vana porfía,
y acudid, como es razón,
vos a vuestra obligación;
que yo acudiré a la mía.

Policiano	Señor...
Rey	¡Idos! Que irritáis,

con replicar, mis enojos,
y no volváis a mis ojos
sin que a Diana le hayáis

   cumplido esta obligación;
pues yo, con haberme dado

por entendido, he tomado
por mi cuenta su opinión.

Policiano (Aparte.)   (¿Rómpenme el pecho, y los labios
me cierran? Pues no seré
yo quien soy, o tomaré
venganza de estos agravios.)

(Vase Policiano.)

Filipo (Aparte.)   (Ya de este competidor
me he librado.)

Rey   ¿Qué os parece?

Filipo   Que Policiano padece
con razón vuestro rigor.
  Mas aquí viene Dión.

(Sale Dión.)

Dión   Dadme a besar vuestra mano.

Rey   Levantad, pariente, hermano.
No ofendáis mi estimación.

Dión   Señor, en conformidad
de aquel orden que sabéis,
en este papel veréis
(Dale un papel.)   lo que he entendido.

Rey   Mostrad.

Dión	No me queda diligencia por hacer.
Rey	De vos lo fío.
Dión	Y pues con el cargo mío he cumplido, la licencia que para casar a Aurora os pedí, de vos espero.

Rey (Aparte.)	(Desmentir sospechas quiero.)
	Ya es fuerza, Dión, que agora
	   os declare la ocasión
	de impedir que Policiano
	dé a mi sobrina la mano.
	Hasta aquí fue mi intención
	   callároslo, porque el darme
	y el daros por entendido
	de que a los dos ha ofendido,
	fuera, pariente, obligarme
	   al castigo riguroso
	de quien pretendo obligar,
	cuando me importa ganar
	voluntades, y piadoso
	   quiero el nombre de tirano
	borrar, que el reino me da.
	Y a vos, Dión, porque ya
	el tiempo en que os veis, anciano,
	   pide esfuerzos a la vida,
	y aumentárosla es más justo
	lisonjeada en el gusto,

que en la opinión ofendida,
  esta ocasión de enojaros
excusaros pretendí;
pero ya, porque de mí
no os quejéis, habré de daros
  cuenta de ella. Policiano
tiene ofrecida a Diana,
del noble Ricardo hermana,
la fe de darle la mano.

Dión   ¿Qué decís?

Rey   Mirad si ha sido
con empeño tan forzoso,
cuanto con ella engañoso,
con nosotros atrevido.

Dión   De cólera tiemblo y ardo,
y tanto más me lastimo
por ella, cuanto la estimo
por hermana de Ricardo,
  cuyos méritos podréis
colegir de esos renglones,
pues a las obligaciones
antiguas que le tenéis,
  una fineza ha añadido,
con que os obliga a que agora,
tanto como por Aurora,
estéis por él ofendido.

Filipo (Aparte.)   (Ya del todo mis recelos
no temen a Policiano.

¡Así del Amor tirano
del rey me libren los cielos!)

Rey   Esto supuesto, Dión,
lo que os pido solamente
es que, pues sois tan prudente,
no os obligue esta ocasión
   a que al disgusto y pesar
abráis las puertas del pecho;
y estad de mi satisfecho,
que cuidaré de buscar
   esposo a Aurora.

Dión   Señor,
sobrina es vuestra.

Rey   Conmigo,
ser hija de tal amigo
es la importancia mayor.
   Y agora sabed que el mar
merece ya que mi esposa,
segunda Venus hermosa,
se dignase de surcar
   sus campos para traer
a Sicilia al dios de amor.

Dión   Con tales nuevas, señor,
¿qué pesar me puede hacer
   la Fortuna? Si yo os veo
en tan venturoso estado,
no le queda a mi cuidado
por cumplir otro deseo.

Rey	Vos, pues que tanto estimáis mis dichas, quiero, Dión, que en hacer demostración de ello el primero seáis.
Dión	La dilación en mandar tiene ya mi fe quejosa.
Rey	A recibir a mi esposa habéis de salir al mar.
Dión	Pensad que en él se desata mi nave ya de la orilla, y con la nevada quilla hiende las ondas de plata.
Rey	¿Cuándo partiréis?
Dión	Al alba no hará el canto lisonjero de los pájaros, primero que yo a Neptuno, la salva.

(Vase Dión.)

Rey	Bien mi intento se dispone.
Filipo	Bien engañado le envías.
Rey	Tengan fin las ansias mías, y la obligación perdone.

(Sale Turpín.)

Turpín   De tu parte me han llamado,
y he venido, aunque dudé
si era como; si lo fue,
con volverme está acabado.

Rey   Yo te he mandado llamar.

Turpín   Agora, señor, los pies,
no digo que me los des,
que ni me los has de dar,
 ni a moverlos es razón
que pretenda yo obligarte,
para hacer yo de mi parte
lo que tengo obligación,
 sino solo que permitas
que ponga en ellos mi boca.

Rey   Levanta.

Turpín   Lo que me toca,
y se usa en las visitas
 de los reyes, he hecho ya;
agora te toca a ti
decirme a qué vengo aquí,
porque en el pecho me da
 mil vuelcos el corazón
desde que oí tu recado,
y quisiera mi cuidado
salir de esta confusión;

que aunque puedo yo haber sido
rey también, al fin agora
me tiene la ciega autora
de las dichas abatido
    a tan miserable estado,
que la gran desigualdad
que hay de mí a tu majestad,
me tiene, señor, turbado.

Rey   ¿Tú puedes también, Turpín,
               haber sido rey?

Turpín   ¿Pues no?

Rey   ¿Satirízasme?

Turpín   Si yo
               fuera tan necio, ¿qué fin
                 mereciera de tu agravio?
               En otra razón fundé
               lo que dije; que pensé
               que un filósofo tan sabio
                 como tú no la ignorara;
               y más viendo que Platón
               con una y otra lección
               te ha dado opinión tan clara.

Rey   De ti la quiero aprender.

Turpín   ¿Qué me has de dar si te venzo?

Rey   Esta cadena.

(Enséñale una cadena.)

Turpín   Comienzo
               a argüir. ¿No pudo ser
                 que un rey muriese en la guerra,
               y que su cuerpo perdido
               fuese en tierra convertido
               en el campo; y que esta tierra,
                 del Sol y el agua dispuesta,
               en yerba se convirtiese,
               y que un carnero paciese
               esta yerba, y que, digesta
                 con el calor, el carnero
               en carne la convirtiera,
               y que esta carne vendiera
               a mi padre el carnicero,
                 y la comiese mi padre
               y en sustancia la volviese,
               y que esta sustancia fuese
               la que me engendró en mi madre?
                 Pues ves aquí cómo yo,
               sin que a ti te haya ofendido,
               aquel rey puedo haber sido
               que en la batalla murió.

Rey   Vencísteme: la cadena
               es tuya.

(Dásela.)

Turpín   Vivas dichoso

más que un vecino enfadoso,
que un deseo, que una pena,
   y más que una imposición;
más que un ministro cansado,
de quien tiene un desdichado
la futura sucesión.

Rey
   Vamos al caso, Turpín.
¿De la casa de Dión
eres portero?

Turpín
        Rincón
no hay desde el principio al fin,
   menos el cuarto de Aurora,
que no esté por cuenta mía
cerrarle al ponerse el día,
y abrirle al nacer la aurora.

Rey
   Una cosa que prometo
remunerarte has de hacer,
advirtiendo que en tener
fidelidad y secreto
   te va la vida.

Turpín
        Tendré
en muda prisión los labios,
aunque siente como agravios
tus amenazas mi fe.

Rey
   Pues en partiendo Dión
al puerto, me vuelve a ver.
Diréte lo que has de hacer.

Filipo (Aparte.)   (No lograrás tu intención.)

Turpín   Yo lo haré; y traeré, si quieres,
dos argumentillos más.

Rey   Y dos cadenas tendrás,
si en ellos me concluyeres.

(Vanse todos. Salen Aurora y Dión.)

Aurora   Señor, ¿os partís?

Dión   Forzosa
causa me obliga a ausentar;
que el Rey me manda que al mar
salga a recibir su esposa,
  y de plazo tengo solo
las horas para partir
que ha de tardar en suplir
Diana la luz de Apolo.

Aurora   El rey, ya que no miró,
para que no os lo encargara,
vuestros años, ¿no mirara
lo que he de sentirlo yo,
  pues con vuestra ausencia
quedo sola y triste, padre mío?

Dión   Donde queda el rey tu tío
hacerte falta no puedo.

Aurora (Aparte.)	(¡Bien lo entendéis! Si no hubiera de causar tan graves daños, sus intentos, sus engaños y traiciones os dijera.)
Dión	Mas porque en la ausencia mía sientas pena más liviana, vendrá tu amiga Diana a estarse en tu compañía; que ya tengo la licencia de Ricardo.
Aurora	Venturosa fuera yo, si hubiera cosa que me alivie en vuestra ausencia.
Dión	Breve ha de ser. Un aviso quiero darte, que es forzoso. Ya no puede ser tu esposo Policiano; y el permiso, que le daba esa esperanza, de visitarte, ha cesado.
Aurora (Aparte.)	(¡Qué buenas nuevas me has dado!) ¿De qué nace esa mudanza?
Dión	De que ha dado él engañoso a otra principal señora, según he sabido agora del rey, palabra de esposo. Y de esto nació el negar la licencia que pedí,

y me lo ocultó hasta aquí,
por no darme este pesar.

Aurora   ¡Oh, alevoso, fementido!
La cera ha vuelto en diamante;
que quien es tan mal amante,
¿cómo será buen marido?

(Sale un Criado.)

Criado   Filipo te quiere hablar.

Dión   Entre Filipo; tu, Aurora,
retírate.

Aurora   (Él viene agora,
según pienso, a declarar
   su amor; y mi padre es llano
que ha de estimarle el intento,
puesto que el impedimento
cesó ya de Policiano.
   Solamente por vencer
nos queda ya el Rey, mi tío,
y de su esposa confío,
pues llega ya, que ha de ser
   Sol claro en la confusión
de la noche en que me veo.
Amor, pues das el deseo,
ayuda a la ejecución.)

(Vase Aurora. Sale Filipo.)

Dión	¡Vos para entrar en mi casa pedís licencia, Filipo!
Filipo	No os espante que cobarde venga quien viene a pediros; si bien el venir a haceros, Dión, el mayor servicio que humana amistad alcanza, pudiera hacerme atrevido.
Dión	Tanto de mí confiad cuanto yo de vos confío, y empezad con declararme en qué puedo yo serviros.
Filipo	¿Estamos solos?
Dión	Sí estamos.
Filipo	Decidme, Dión amigo, ¿qué merecerá con vos quien redima del peligro de una afrenta vuestro honor y el de Aurora?
Dión	Que los mismos que redime, se confiesen esclavos de su albedrío.
Filipo	Pues supuesto que no puede ya Policiano impedirlo, prometed, no que por dueño

me tendréis, sino por hijo,
dándome a la bella Aurora;
y en cambio de ello me obligo
a haceros tal amistad,
con daros aquí un aviso,
que confeséis que el honor
vuestro y de Aurora redimo.

Dión   Para que os la ofrezca yo,
¿es menester más designio
que darle esposo que tanto
por sus méritos estimo?
Ya sin esa condición
os la prometo, Filipo.
Libre estáis si no queréis
cumplirla.

Filipo   No; que ya es mío
con eso el honor de entrambos,
y hago mi negocio mismo.
Sabed que el rey al amor
de Aurora vive rendido.
Ciego está, loco la adora,
y todo cuanto os ha dicho
ha sido por dar color
de cautela al desatino,
por si acaso la verdad
supiésedes...

Dión   ¿Qué Filipo?
¿Qué decís?

Filipo	Verdad, es ésta;
	y haber mandado partiros,
	no es porque rompe la reina
	del mar los azules vidrios;
	nuevas son que finge solo
	por ausentaros Dionisio,
	para dar ejecución
	violenta a su amor lascivo,
	porque honesta le resiste
	Aurora, sin que impedirlo
	pueda de vuestra presencia
	la autoridad, prevenido
	tiene a Turpín, y obligado
	con dádivas, que del hilo
	con que discurrió Teseo
	el confuso laberinto,
	a media noche ha de hacer
	en vuestra casa el oficio.
Dión	¡Válgame el cielo!
Filipo	Mirad
	si mi palabra he cumplido,
	y si a vos y a Aurora he dado
	el honor en este aviso.
Dión	¡Ah, inhumano! ¿Así tu sangre
	ofendes? ¿Más enemigo
	te muestras de quien debieras
	estar más agradecido?
	La corona de Sicilia
	te di; ¿y en agravio mío

ejecutas el poder
que me debes a mi mismo?
No lo sufrirán los cielos.
Yo os agradezco, Filipo,
cuanto debo y cuanto puedo
tan colmado beneficio.
De vuestra parte cumplistes
con enseñarme el peligro.
Idos con Dios, y dejad
el remedio a cargo mío.

Filipo   Para todo me hallaréis
            interesado por hijo,
            y por amigo obligado.

Dión   De vuestro valor confío.

(Vanse todos. Salen Ricardo, Diana y Elisa.)

Ricardo   Porque la melancolía
            de Aurora, en la soledad
            de su padre, tu amistad
            alivie en su compañía,
            Dión me ha obligado, hermana,
            a prometérselo. Avisa
            los gentilhombres, Elisa;
            que sale fuera Diana.

Elisa   Voy a servirte.

(Vase Elisa.)

Diana	Afición

nos tiene a entrambos, y es justo
hacer a Aurora ese gusto,
y esa lisonja a Dión.

Ricardo   Agora, que hemos quedado
solos, Diana, me di
una verdad; que de ti
tantas querellas me ha dado
    Policiano, que presumo,
viéndole furioso y ciego,
que ha sido muy grande el fuego
que ha levantado tal humo.
    Dice que con engañoso
labio al rey has informado
de que él, Diana, te ha dado
la fe y palabra de esposo.
    Dime, dime qué hay en esto;
que estoy loco.

Diana   Tente, hermano!
Verdad dice Policiano;
mas, ¿cómo olvidas tan presto
    que fuiste tú la ocasión?

Ricardo   ¿Yo, Diana?

Diana   Enamorado
de Aurora y desesperado,
¿no me diste comisión
    de ejecutar cualquier medio
que para alcanzar su mano

	fuese estorbo a Policiano,
	y a tu esperanza remedio?
Ricardo	Es verdad.
Diana	Pues yo por eso
	el efeto le he impedido,
	como él dice. Luego has sido
	tú la ocasión de este exceso.
Ricardo	No, Diana; que él a mí,
	aunque la palabra no,
	el amor me confesó,
	y que mereció de ti
	favores. Luego no ha sido
	fingido por mi cuidado
	lo que al rey has informado.
Diana	¿Digo yo que fue fingido?
Ricardo	Pues, ¿qué dices?
Diana	Que al exceso
	de hablar al rey me atreví,
	por darte remedio así;
	que si no fuera por eso,
	aunque esta ofensa me ha hecho
	Policiano, siempre el labio
	reprimiera, y a mi agravio
	diera sepulcro en el pecho.
Ricardo	¿Qué es verdad que se obligó

a ser tu esposo?

Diana   Es verdad.

Ricardo   Y di, de tu honestidad
                 en fe de eso, ¿mereció
                    alguna prenda, Diana?

Diana   Ninguna.

Ricardo   Verdad me di.

Diana   Ya la he dicho.

Ricardo (Aparte.)   (Mas ya aquí
                 la averiguación es vana,
                    pues haberle prometido
                 darle la mano bastó
                 para que le obligue yo.)

(Sale Elisa.)

Elisa   Todo está ya prevenido
                    si quieres salir, señora.

(Vase Elisa.)

Ricardo   Vete, hermana.

Diana   ¿No me ordenas
                 lo que acerca de tus penas
                 tengo de decir a Aurora?

Ricardo	Ni de esto que entre los dos
	habemos tratado aquí
	le has de tratar, ni de mí,
	que será ofenderme.

Diana	Adiós

(Vase Diana.)

Ricardo	¡Que Diana me haya puesto
	en lance tan apretado!
	Que, ¿quien duda que ha gozado
	algún favor deshonesto
	quien la palabra le dio?
	Claro está. Fuerza es que entienda
	que quien le empeñó tal prenda,
	mucho a deber le quedó.
	¿No lo dice su mudanza?
	¿Qué causa pudo tener
	de olvidarla, sino haber
	cumplido ya su esperanza?
	¿Qué importa que ella lo niegue?
	¿Qué importa que yo lo crea,
	y qué importa que no sea,
	si para que el mundo llegue
	a sentir mal de su honor,
	basta saber que le ha dado
	la palabra, y que ha trocado
	el suyo por otro amor?
	Cuando no lo hayan sabido
	otros, ¿no lo sabe ya

el rey? ¿No presumirá
lo mismo que he presumido?
   ¿Quién lo duda? Pues, ¿qué espero?
Para la resolución
consultar quiero a Dión,
que es mi amigo verdadero;
   y su prudencia y valor,
pues fue también engañado,
dará, como interesado,
el consejo y el favor.

(Sale Dión.)

Dión   Ricardo...

Ricardo   Noble Dión,
en este punto partía
a buscaros.

Dión   Dicha es mía
preveniros la intención.
   ¿Hay en qué de mí os sirváis?

Ricardo   Lo que he de tratar con vos,
toca, Dión, a los dos.

Dión   Decid, pues; ¿en que dudáis?

Ricardo   Policiano, falso amante
de mi hermana, ser su esposo
le prometió, y engañoso...

Dión	No paséis más adelante.
	Ya os entiendo, y ya sabía
	el caso.
Ricardo	¿De quién?
Dión	Del rey,
	y sé, Ricardo, la ley
	de vuestra amistad y mía.
	A las once en punto iréis
	esta noche, y por la puerta
	del jardín mío, que abierta
	para el efeto hallaréis,
	os entrad en él; y allí
	sabréis un caso, Ricardo,
	con que dar venganza aguardo
	a Diana, a vos y a mí.
Ricardo	Pues, ¿no os partís a embarcar?
Dión	De aquí a un hora.
Ricardo	¿Qué decís?
	¿Cómo quedáis y os partís?
Dión	No me habéis de examinar,
	si es que de mí os confiáis.
Ricardo	Nada reserva la fe
	que os tengo. Digo que iré
	al jardín, como mandáis.

Dión (Aparte.)   (Con esto ya por hablar
                        en la corte no me queda
                        poderoso de quien pueda
                        mi pensamiento fiar.)

Ricardo   ¿Queda alguna prevención
                        por hacerme?

Dión   Que el secreto
                        importa.

Ricardo   Yo os lo prometo.

Dión   Con eso la estimación
                        veréis que tengo de vos
                        esta noche.

Ricardo   Y vos veréis
                        que en mí un amigo tenéis
                        siempre firme.

Dión   Adiós.

Ricardo   Adiós.

(Vanse los dos. Sale Policiano, de noche.)

Policiano   Esta noche ha prometido
                        dar fin a la suspensión
                        de mi esperanza Dión,
                        y sin duda no ha sabido
                        el estorbo que a mi intento

108

Diana pretende hacer.
¡Oh, si llegase a tener,
antes que el impedimento
  supiese, dichoso efeto
mi pretensión! Dios de amor,
si merezco tu favor,
sacrificios te prometo,
  que tanta pompa a las claras
glorias de tu nombre aumenten,
que las víctimas afrenten
que en Chipre adornan tus aras.
  Alguna hazaña previene
de mucho peso Dión,
según la ponderación
con que me habló. Gente viene.

(Salen el Rey y Filipo, de noche, por otra parte.)

Rey   Facilitólo Turpín
                       de suerte, que por logrado
                       celebro ya mi cuidado.

Policiano (Aparte.) (A la puerta del jardín
                       quiero llegar; que ya es hora.
                       Más holocaustos que al día
                       te daré, noche sombría,
                       si tú a mí me das a Aurora.)

(Vase Policiano.)

Filipo   No dudo, pues te promete
                       Turpín que todas las puertas

de Aurora tendrás abiertas
hasta su mismo retrete,
  que lograrás tu esperanza.
(Aparte.)   (Los cielos lo harán mejor.)

Rey   De tan injusto rigor
justa será la venganza.
  Lleguemos; que ya estará
Turpín aguardando. Haré
la seña.

(Hace una seña. Sale Turpín.)

Turpín (Aparte.)   (Esta seña fue
la que al Rey le di.) ¿Quién va?

Rey   ¿Es Turpín?

Turpín   ¿Es el rey?

Rey   Sí.

Turpín   La gente toda Morfeo
baña en ondas del Leteo.
Venid asidos de mí
  por este espacio sombrío,
hasta la luz que buscáis,
y al instante que veáis
que con un engaño mío
  abren una puerta, entrad;
que es la del cuarto de Aurora.

(Vanse todos. Sale por otra parte el Rey, Filipo, y Turpín.)

Rey   ¿Estará acostada?

Turpín   Agora
se recogieron. Parad;
     que ésta es la puerta.

(Toca a una puerta. Asómase Camila.)

Camila   ¿Quién es?

Turpín   Turpín. Camila, abre y di
a Diana que está aquí
su hermano.

(Vase Camila.)

Rey   Ya abrió.

(Éntrase el Rey.)

Filipo   Los pies
muevo sin alma.

(Éntrase Filipo.)

Turpín   Esto es hecho.
Colóse su majestad
mas desde esta oscuridad
veré si es la que sospecho
     la diligencia que el rey

viene a hacer.

(Salen Dión, Ricardo, Policiano, y otros caballeros.)

Dión
              Ya por los pasos
que sentí, y porque han abierto
también la puerta del cuarto
de Aurora, sin duda alguna
los traidores han entrado.

Turpín (Aparte.)
(¡Válgame Dios! Pasos siento
y en baja voz con recato
hablan aquí. ¿Quién será?)

Dión
Para averiguar el caso
apliquemos los oídos,
porque mejor informados
de su injuria y mi razón,
el castigo resolvamos.

Aurora (Dentro.)
No os canséis, porque primero
me dejaré hacer pedazos,
que ofensa a mí honor.

Dión
              ¿Oís?

Turpín (Aparte.)
(¿Qué es esto, Dios?)

Policiano
              ¿Qué aguardamos?
Mil muertes merece quien
se atreve a haceros agravio.

Dión	De ayudarme a su castigo me distes todos las manos, sea quien fuere el agresor.
Policiano	¿Eso dudáis?
Ricardo (Aparte.)	(Recelando estoy que es el rey, que ciego mira de Aurora los rayos.)
Policiano	Mejor que vengar la afrenta será prevenir el daño, y ya mereció el castigo con intentar el agravio.
Turpín (Aparte.)	(¿Qué escucho?)
Dión	¡Entremos!

(Sale Aurora, con una espada; el Rey, retirándose; Filipo, Diana, criados, con luces. Todos desenvainan.)

Aurora	La vida —¡vive el cielo!— he de quitaros.
Dión	Para vengar mis afrentas no son menester tus manos.

(Pónese Aurora al lado del Rey.)

Aurora	¡Tened, que es el rey mi tío! ¡No le matéis!

Rey (Aparte.)	(¡Cielo santo! ¡Perdido soy!)
Diana (Aparte.)	(Qué desdicha!)
Rey	¿Contra el rey habéis sacado los aceros, desleales?
Ricardo	No lo digáis por Ricardo,

(Pónese al lado del Rey.)

que ignorante le sacó,
y morirá a vuestro lado.

Turpín (Aparte.)	(La diligencia que el rey quiso hacer, ha sido el diablo.)
Filipo (Aparte.)	(Por ninguno he de mostrarme, hasta ver el fin del caso.)
Policiano	Quien a Dión se atrevió, ¿ha de vivir? ¿Qué aguardamos? ¡Muera!
Dión	¡Muera!
Aurora	¡Deteneos, si estimáis mi vida en algo!
Dión	Pues, ¿tú defiendes, Aurora,

a quien intentó mi agravio?

Aurora   ¡Es rey nuestro y nuestra sangre,
           y de mi amor obligado
           cometió el error que veis!

Policiano ¡Es tirano!

Dión   ¡Y es ingrato,
           pues usa en afrenta mía
           del poder que yo le he dado!

Aurora   Si el cetro le distes vos,
           vos en cuanto a ser tirano
           del reino, le disculpáis,
           pues sois en eso el culpado.
           Y si ingrato os ha ofendido,
           el castigo que al ingrato
           dé la ley, ejecutad.
           Rey le hicistes; despojadlo
           del cetro, pues que tenéis
           los grandes de vuestra mano.
           Pierda el beneficio quien
           usa de él para agraviaros;
           no reine quien reina mal;
           no pueda quien ha mostrado
           que con amor y poder
           hará mañana otro tanto;
           pero llegarle a quitar
           la vida a quien es hermano
           de mi madre y vuestra esposa,
           al que erró de enamorado,

115

y en efeto a quien es rey,
nombre que le da tan alto
privilegio, que aun los ojos
del que esta más agraviado
le han de mirar con respeto,
con decoro han de estimarlo,
lo han de adorar por divino
y venerar por sagrado,
fuera querer vos ganar
el nombre que de tirano
culpáis en él; fuera haceros
malquisto, fuera mostraros
cruel, y fuera, en efeto,
ensangrentando las manos
en vuestro rey con la infamia
de traidor el lustre claro,
manchar de leal, que os dieron
tantos blasones pasados.
Si vuestro agravio intentó,
no ejecutó vuestro agravio;
antes deudor le quedáis,
pues esta ocasión ha dado
a los aumentos de fama
que en la resistencia gano;
y ni es razón ni equidad
ni justicia condenarlo
por no consumado error
a castigo consumado.

Dión   Basta, Aurora; tu piedad
tanto estimo cuanto alabo
tu lealtad y tu prudencia.

	Lleve la pena de ingrato,
	Dionisio; de la corona
	pierda los hermosos rayos,
	deponga el cetro real,
	renuncie el reino, si acaso
	no quiere más morir rey
	que tener vida privado.

Rey   Un medio solo escuchad.
                    A Aurora daré la mano.

Filipo (Aparte.)   (¡Bien lograra mis intentos!)

Policiano   No hay medio sino quitaros
                    o la corona o la vida.

Dión   Si no queréis obligarnos
                    a revocar la piedad
                    que la vida os ha dejado,
                    estimad lo que os ofrece.

Filipo   ¿Qué dudas en acetarlo?

Ricardo   De todas las esperanzas
                    es morir último plazo.
                    Viviendo se alcanzan reinos,
                    pero no vidas reinando.
                    Guarda la tuya, señor,
                    pues esto ordenan los hados.

Rey (Aparte.)   (¡Ah, cielos! ¡Que una pasión
                    traiga a un rey a tal estado!

Paguemos, pues, el delito
y a la suerte obedezcamos,
satisfaciendo a Dión
con beneficio el agravio,
y haciendo virtud lo que es
forzoso para obligarlo.)
Nobles de Sicilia, puesto
que la ley al que es ingrato
condena a que restituya
el beneficio a las manos
que liberales lo hicieron,
y de ella observantes tanto
guardarla en todo queréis,
yo en todo también la guardo;
y así a Dión restituyo
la corona que él me ha dado,
y el cetro renuncio en él;
y con que queráis jurarlo
por rey, de fidelidad
el juramento os relajo
que me hicistes.

Policiano   ¿Quién mejor
merece nombre tan alto?

Filipo   ¡Reine Dión!

Todos   ¡Dión viva,
rey del suelo siciliano!

Rey   Pues yo en su mano el primero

(Bésale la mano, y todos.)

humilde pongo los labios.

Filipo
Todos hacemos lo mismo,
y como a rey le juramos
fidelidad y obediencia.

Dión
Yo lo aceto, y a mis años
eternidades deseo
para que pueda pagaros
tantos excesos de amor.

Ricardo
(Yo, ¡triste! ¿Qué fin aguardo,
si en defensa de Dionisio
animoso movíel brazo
contra Dión?)

Filipo (Aparte.)
(Ya mis dichas
han confirmado los hados.)

Rey
Ya sois de Sicilia rey.

Dión
Pues vos de ella desterrado
salid al punto, Dionisio.

Rey
Señor...

Dión
Si partís callando,
mereceréis mi piedad.

Rey
Pues callo, obedezco y parto,

119

ya que dan en mí los cielos
escarmiento a los ingratos.

(Vase el Rey.)

Dión   Filipo, ¿no le seguís?

Filipo   ¿Qué aguardáis? La mano aguardo
                que prometido me habéis
                de Aurora...

Policiano (Aparte.)   (¡Ay, cielos!)

Filipo   ...en cambio
                del aviso que os di.

Dión   En eso,
                Filipo, está vuestro daño;
                que ese aviso fue delito,
                pues me le distes violando
                de vuestro rey el secreto
                como alevoso vasallo.
                Y estribar en la palabra
                que entonces os di, es engaño;
                que entonces era Dión,
                y agora rey; y es en vano
                pretender que cumpla el rey
                lo que prometió el vasallo;
                antes como a rey me toca,
                pues ya lo soy, castigaros
                la amistad que allí me hicistes,
                quebrantando el fuero santo

de lealtad. Idos al punto,
sin replicar, desterrado...

Aurora (Aparte.)   (¡Ay de mí!)

Dión   ...que fuera necio,
si a quien conozco por falso
y aleve, siendo yo rey,
tener quisiera a mi lado.

Filipo   ¡Ah, cielos! ¿Que pierdo a Aurora?
Señor...

Dión   Partid. Contentaos
con que os negocia la vida
haber por amor errado;
que olvidaré la piedad
si otra vez movéis los labios.

Filipo   A padecer justa pena
de haberos servido parto.
Será el primer beneficio
que se ha visto castigado.

(Vase Filipo.)

Aurora (Aparte.)   (Muera el mal en mi silencio,
pues no puede remediarlo.)

Policiano   ¡Gracias al cielo, Dión,
que llegó ya Policiano
al puerto de su esperanza.

Dión	Aguardad. Llegad, Ricardo.
Ricardo (Aparte.)	(Temiendo estoy su rigor.)
Dión	Solo merece la mano de Aurora vuestra lealtad.
Ricardo	¿Qué decís?
Policiano	¡Oh, cielo santo!
Dión	Tenga un rey por hijo a quien sabe ser tan buen vasallo. Ricardo es tu esposo, Aurora.
Aurora (Aparte.)	(Al fin es menos el daño.) Yo soy vuestra.
Ricardo	Yo dichoso.
Policiano	Y yo solo desdichado. ¿Así me cumplís?
Dión	Callad, y agradeced que el engaño no os castigo, de querer ser su esposo, habiendo dado a Diana la palabra. Cumplidla luego, o su agravio satisfará vuestra vida.

Policiano (Aparte.)	(Si a Aurora perdí, ¿qué aguardo siendo fuerza obedecer?) Ésta, Diana, es mi mano.
Diana	Bien sabéis que os la merezco.
Dión	Turpín...
Turpín (Aparte.)	Señor... (Mi recado llevo yo agora.) Perdona, gran señor.
Dión	Merced te hago del oficio que tenías en mi cámara; que tanto quien a su rey obedece, aunque fuese por mi daño, ha merecido conmigo.
Turpín	Vivas tú hacia atrás los años, porque el tiempo te restaure lo que él mismo te ha quitado. Y a la amistad castigada demos fin con suplicaros, señores, que estos servicios no castiguéis como agravios.

Fin de la comedia

Libros a la carta

A la carta es un servicio especializado para
empresas,
librerías,
bibliotecas,
editoriales
y centros de enseñanza;
y permite confeccionar libros que, por su formato y concepción, sirven a los propósitos más específicos de estas instituciones.

Las empresas nos encargan ediciones personalizadas para marketing editorial o para regalos institucionales. Y los interesados solicitan, a título personal, ediciones antiguas, o no disponibles en el mercado; y las acompañan con notas y comentarios críticos.

Las ediciones tienen como apoyo un libro de estilo con todo tipo de referencias sobre los criterios de tratamiento tipográfico aplicados a nuestros libros que puede ser consultado en Linkgua-ediciones.com.

Linkgua edita por encargo diferentes versiones de una misma obra con distintos tratamientos ortotipográficos (actualizaciones de carácter divulgativo de un clásico, o versiones estrictamente fieles a la edición original de referencia).

Este servicio de ediciones a la carta le permitirá, si usted se dedica a la enseñanza, tener una forma de hacer pública su interpretación de un texto y, sobre una versión digitalizada «base», usted podrá introducir interpretaciones del texto fuente. Es un tópico que los profesores denuncien en clase los desmanes de una edición, o vayan comentando errores de interpretación de un texto y esta es una solución útil a esa necesidad del mundo académico.

Asimismo publicamos de manera sistemática, en un mismo catálogo, tesis doctorales y actas de congresos académicos, que son distribuidas a través de nuestra Web.

El servicio de «libros a la carta» funciona de dos formas.

1. Tenemos un fondo de libros digitalizados que usted puede personalizar en tiradas de al menos cinco ejemplares. Estas personalizaciones pueden ser de todo tipo: añadir notas de clase para uso de un grupo de estudiantes, introducir logos corporativos para uso con fines de marketing empresarial, etc. etc.

2. Buscamos libros descatalogados de otras editoriales y los reeditamos en tiradas cortas a petición de un cliente.

LK

www.ingramcontent.com/pod-product-compliance
Lightning Source LLC
LaVergne TN
LVHW041158080426
835511LV00006B/652